항공기내식음료서비스

Cabin Food & Beverage Service

제2판

항공서비스시리즈 6

항공기내식음료서비스

Cabin Food & Beverage Service

박혜정

백산출판사

항공서비스시리즈를 출간하며

글로벌시대 관광산업의 발전과 더불어 항공서비스 및 객실승무원에 대한 관심이 증가됨에 따라 전문직업인을 양성하는 대학을 비롯하여 여러 교육기관에서 관련 교육이 확대되고 있다.

저자도 객실승무원을 희망하는 전공학생을 대상으로 강의를 하면서 교과에 따른 교재들을 개발 · 활용해 왔으며, 이제 그 교재들을 학습의 흐름에 따라 직업이해, 직업기초, 직업실무, 면접준비 등의 네 분야로 구분 · 정리하여 항공서비스시리즈로 출간하였다.

분야	번호	교재	내용
직업이해	1	멋진 커리어우먼 스튜어디스	직업에 대한 이해
직업기초	2	고객서비스 입문	서비스에 대한 이론지식 및 서비스맨의 기본자질 습득
	3	서비스맨의 이미지메이킹	서비스맨의 이미지메이킹 훈련
	3-1	항공체육 50선	필라테스 운동을 통한 승무원 취업을 위한 체력준비
직업실무	4	항공경영의 이해	항공운송업무 전반에 관한 실무지식
	5	항공객실업무	항공객실서비스 실무지식
	6	항공기내식음료서비스	서양식음료 및 항공기내식음료 실무지식
	7	항공객실 안전과 보안	항공객실 안전 및 보안에 관한 실무지식
	8	기내방송 1·2·3	기내방송 훈련
면접준비	9	항공사 객실승무원 면접	승무원 면접준비를 위한 자가학습 훈련
	9-1	면접워크북	승무원 면접준비를 위한 실전 점검 워크북
	10	English Interview for Stewardesses	승무원 면접준비를 위한 영어인터뷰 훈련

모쪼록 객실승무원을 희망하는 지원자 및 전공학생들에게 본 시리즈 도서들이 단계적으로 직업을 이해하고 취업을 준비하는 데 올바른 길잡이가 되기를 바란다. 또한 이론 및 실무지식의 습득을 통해 향후 산업체에서 현장적응력을 높이는 데도 도움이 되기를 바란다.

아울러 항공운송산업의 환경은 지속적으로 변화 · 발전할 것이므로, 향후 현장에서 변화하는 내용은 즉시 개정 · 보완해 나갈 것을 약속드리는 바이다.

본 항공서비스시리즈 출간에 의의를 두고, 흔쾌히 맡아주신 백산출판사 진욱상 회장님과 편집부 여러분께 깊은 감사의 말씀을 전한다.

저자 씀

PREFACE

최고의 기내서비스는 승객에게 안전하고 쾌적한 여행을 보장하는 것이다. 이 중 기내식음료는 항공기라는 특수한 상황 속에서 승객의 생리적인 욕구를 해결해 줄 뿐만 아니라, 하늘에서 일류 레스토랑의 식사를 경험하는 즐거움까지 제공하는 중요한 요소가 된다. 또한 세련된 기내식음료서비스는 항공사의 이미지를 한층 더 높게 하여 승객의 항공사 평가 시 높은 비중을 차지한다고 할 수 있다.

최근 기내식으로 다양한 한식이 제공되고 항공사별로 각국의 독특한 메뉴가 도입되고 있으나, 원칙적으로 기내식음료의 구성은 서양식음료를 근간으로 하고 있다. 그러므로 객실승무원은 자신감 있고 품위 있는 세련된 서비스를 위해 서양식음료에 대한 기본적인 지식을 습득하는 것이 필수적이다.

즉 기내식을 직접 취급, 저장, 보관, 서비스의 역할을 담당하는 객실승무원으로서 식재료의 종류, 제조법, 메뉴의 이해 등 서양식음료에 대한 이론적 지식과 세련된 서비스 실무기술의 습득을 통해 기내서비스의 질적 향상을 도모할 수 있다.

본서는 이러한 시대적 흐름에 맞추어 항공사 객실승무원을 희망하는 항공운항관련 전공 학생들을 위한 교과교재로 활용하고자 서양식음료의 기본적인 이론을 중심으로 항공기내식음료서비스 전반에 관한 실무내용으로 구성하였다.

전체를 3부로 나누어,

1부는 서양식의 이론적 개요(서양의 음식문화, 서양정식메뉴, 조식메뉴)

2부는 서양음료의 이론적 개요(서양의 음료문화, 알코올성 음료, 비알코올성 음료, 칵테일)

3부는 서양식음료의 이론적인 이해를 바탕으로 기내식음료서비스 실무(기내식음료 메뉴, 항공사별 기내식음료, 일반석 장거리 기내식음료서비스) 등의 내용으로 구성하였다.

다만 이 책의 구성상 방대한 서양식음료 이론을 모두 상세히 다루는 데에는 한계가 있어 기내식음료와 관련된 내용을 중점적으로 소개하는 데 그쳤음을 아쉽게 생각하며 이 점 독자의 양해를 구하는 바이다.

아울러 다양한 식음료관련 용어들은 본문에서 원어로 표기하고자 하였음을 밝혀둔다.

모쪼록 본서를 통해 서양식음료 이론에 관한 지식을 습득하고, 향후 산업체에서 기내식음료서비스 업무의 현장적응력을 높이는 데 도움이 되기를 바란다.

끝으로 이 책이 출간되기까지 내용 감수와 자료 제공 등 여러모로 많은 도움을 주신 분들께 지면을 통해 깊은 감사의 말씀을 드린다.

저자 씀

CONTENTS

PART 1 서양식의 이해

PART 2 서양음료의 이해

PART 3 항공기내식음료의 이해

Cabin Food & Beverage Service

PART

1

서양식의 이해

서양의 음식문화

01

제1절 서양의 음식문화 개요

1. 정통성 있는 프랑스 요리

일반적으로 서양식이라 하면 요리 자체의 훌륭한 미각뿐만 아니라, 식탁의 화려한 구성과 장식, 그리고 식사시간의 흐름에 따라 순서대로 제공되는 요리의 리듬 있는 연출 등이 종합적으로 조화를 이루어 음식에까지 예술적인 풍미를 보여주는 종합예술이라 일컫는다.

서양요리는 프랑스, 이탈리아, 독일, 영국 등의 유럽과 미국, 캐나다 등의 북미대륙에 널리 알려진 여러 나라의 음식을 총칭하는 것으로서 각 지역마다 지리적·기후적 조건과 문화의 양상에 따라 재료와 조리방법 등이 다르지만 그 기본은 로마에서부터 계승한 프랑스 요리에서 전래되었다고 볼 수 있다.

16세기 초까지는 프랑스 요리가 다른 나라의 요리와 별다른 차이가 없었으나, 지금처럼 완성될 수 있었던 계기는 1553년 이탈리아의 카트린 드 메디치(Catherine de Dedicis)가 앙리 2세(Henry II)와 결혼하면서부터이다. 그녀가 가져온 많은 식기와 요리사 등에 의해 이탈리아 요리의 기술이 전파되고 궁정음식이 변하면서 프랑스의 식문화는 달라졌고 세계적인 요리로 발전되어, 오늘날 가장 우아한 음식으로 칭송받으며 서양요리를 대표하고 있다.

또한 프랑스 요리의 발전은 프랑스가 지형적으로 유럽의 중심부에 위치하여 문화교류가 활발하게 이루어진 정치 · 문화의 중심지였으며 천혜자원으로 인한 풍부한 식재료와 포도주 제조기술의 발달 등 요리의 발전요소가 충족되었기 때문이다. 여기에 요리를 즐기는 프랑스 국민의 낭만적인 성격과 요리에 대한 남다른 관심 및 애정도 중요한 역할을 했다고 할 수 있다.

프랑스는 위와 같은 여러 가지 조건을 바탕으로 요리에 대한 역사적인 깊이와 이론적 체계를 확립하여 프랑스 요리의 정통성을 유지해 오고 있으며, '맛, 향, 모양' 등의 삼박자가 정선된 요리법을 소유하여, 예술성의 차원까지 요리의 깊이를 다루고 있다.

국제화시대에 세계 여러 나라의 요리들이 부각되고 있으나 정식연회에서는 어느 나라건 프랑스 요리를 내는 것이 관습으로 되어 있으며 서양요리에서 프랑스 요리가 세계적으로 가장 유명한 요리로서 그 진가를 인정받고 있다. 또한 요리분야에 '고품위 서비스'에 대한 개념을 처음으로 접목시켜 오늘날 국가 간의 귀빈이나 중요한 고객을 환대할 경우 공식 접대요리로 그 정평을 얻고 있다.

2. 서양요리의 구성

서양요리는 일반적으로 'Course(코스)'별로 식단이 나누어져 있어 '한상차림'인 우리나라 식문화와는 매우 대조적인 특성을 갖고 있다고 할 수 있다.

각 코스별 메뉴는 시간대별로 짜여서 식사의 흐름에 따라 타이밍에 맞추어 제공되고 있으며, 신선하고 우수한 품질의 재료를 바탕으로 각 코스마다 개성 있는 메뉴로 구성되어 있다.

또한 각 Course별 Menu(메뉴)는 맛과 풍미에 있어서 나름대로의 질서와 미를 추구하고 있다. 식사의 양이 Light ~ Heavy ~ Light 순으로 구성되어 있으며, 식사의 맛은 식욕을 촉진시킬 수 있는 단맛이 적은 Dry한 맛에서 소화에 용이한 Sweet한 맛으로 이어지도록 구성되어 있다.

3. 정통 레스토랑의 서비스

프랑스 요리를 제공하는 정통 레스토랑은 순백의 테이블보, 부드러운 조명, 독특한 향내, 따스한 식기의 촉감, 실내온도 등 오감을 살리고 식사의 분위기를 한층 돋우는 인테리어로 장식되어 있다.

각 Course별 음식은 재료의 탁월한 선택은 물론 최고급 및 최상의 상태로 훌륭한 요리사에 의해 정성껏 조리되어, 뜨거운 것은 뜨겁게, 차가운 것은 차갑게 식사의 흐름에 따른 시점을 고려하여 고객이 맛있는 요리를 즐길 수 있도록 세심하게 배려하여 제공된다.

또한 요리분야에 '고품위 서비스'를 지향하여 고객의 취향을 최대한 살리며, 고객 한 사람 한 사람에게 세련된 서비스 매너로 식사의 격조를 높인다.

제2절 서양식 메뉴의 종류

메뉴의 어원은 라틴어의 'Minutus'에서 유래하여 영어의 'Minute'에 해당하는 말로서 '상세히 기록한다'는 의미이다.

메뉴의 역사는 1541년 프랑스 헨리 8세 때 브룬스윅 공작의 연회 시에 '요리에 관한 내용과 순서' 등을 메모하여 식탁 위에 놓고, 그 순서대로 요리를 제공함으로써, 번거로움이나 불편함이 없던 편리함으로 인해 이때부터 사용하게 되었다고 한다. 이로부터 귀족 간의 연회 시에 유행하게 되었고, 차츰 유럽 각국에 전파되어, 정찬 즉 정식 차림표로써 사용되었다. 이후 19세기에 파리의 식당가에서 사용하게 되면서 일반화되어 오늘날 일반 대중에게 요리의 명칭을 기재한 목록표가 된 것이다.

1. Table d'Hôte(타블 도트 : 정식메뉴)

Full Course Menu로서 한 끼분으로 구성되어 있으며 일정한 순서대로 미리 짜여 있는 식단을 의미한다. 보통 전채부터 후식까지의 순서를 정식코스라고 한다.

일반 레스토랑에서의 정식메뉴를 살펴보면 음식이 나오는 순서가 정해져 있다. 이러한 정식메뉴는 미리 짜여 있기 때문에 고객으로 하여금 선택의 기회가 없는 반면 그 차림표와 가격을 용이하게 이해할 수 있는 이점도 있다.

귀한 고객의 접대나 공식행사 등에는 Full Course의 정식 식단을 서비스하는데 고급 정통 레스토랑에서도 이와 같은 Full Course의 정식 식단을 주문받고 있다.

고전적인 정식코스는 대단히 복잡하게 구성되어 있었으나 근대에 들어 비슷한 요리를 생략하거나 통합하여 7~9개 코스로 정착되었다.

각 코스의 요리는 음식을 섭취할 때의 맛과 소화를 고려하여 합리적으로 구성된 것이라고 할 수 있다.

중세시대의 고전 Full Course	변형된 현대의 Full Course
① Cold Appetizer(찬 전채) ② Soup(수프) ③ Hot Appetizer(더운 전채)	① Appetizer(전채) ② Soup(수프)
④ Fish(생선요리)	③ Fish(생선요리)
⑤ Main Dish(주요리) ⑥ Hot Main Dish(더운 주요리) ⑦ Cold Main Dish(찬 주요리) ⑧ Roast(가금류요리) ⑨ Hot Vegetable(더운 야채요리)	④ Sherbet(셔벗) ⑤ Entrée(후식)
⑩ Salad(찬 야채)	⑥ Salad(찬 야채)
⑪ Hot Dessert(더운 후식) ⑫ Cold Dessert(찬 후식) ⑬ Fresh or Stewed Fruit(생과일 또는 과일졸임) ⑭ Cheese(치즈)	⑦ Dessert(후식)
⑮ Beverage(커피나 홍차)	⑧ Beverage(커피나 홍차)
⑯ Petits Fours(식후 생과자)	⑨ Petits Fours(식후 생과자)

COURSE	불어 MENU	영어 MENU
[식전주]	[APÉRITIF](아뻬리띠프)	[APERITTF]
전체요리	HORS D'OEUVRE(오르되브르)	APPETIZER
수프	POTAGE(뽀따쥬)	SOUP
생선요리	POISSON(뽀와쏭)	FISH
고기요리	VIANDE(비앙드)	MEAT
샤베트	SORBET(쏘르베)	SHERBET
구이요리	RôTI(로띠)	ROAST
샐러드	SALAD(쌀라드)	SALAD
치즈	FROMAGE(프로마쥬)	CHEESE
디저트	DESSERT(데쎄르)	DESSERT
커피 또는 홍차	CAFÉ, THÉ(카페, 떼)	COFFEE or TEA
[식후주]	[LIQUEUR : DIGESTIF](리퀴왜르 : 디제스띠프)	[LIQUEUR]

Table d'Hôte(타블 도트 : 정식메뉴)

2. À La Carte(알라 카르트 : 일품요리 메뉴)

고객이 좋아하는 음식을 Course별 Menu 중에서 하나씩 선택하여 주문할 수 있는 메뉴이다. 즉 각 Course별 다양한 Menu 중에서 선호대로 한 가지씩 자유로이 선택하여 먹을 수 있는 차림표를 의미한다.

즉 일품요리 메뉴는 조리사가 특별한 기술로 만들어 품목별로 가격을 정해 놓은 것으로 고객이 희망하는 것을 Course별로 특별히 주문하는 것을 말한다.

3. Special Menu(Chef's Recommendation)

특별 요리메뉴는 고기요리를 중심으로 미리 짜인 Menu로서 매일 그날의 특별요리를 소개하여 주문받고 있어 Daily Menu라고도 한다. 즉 매일 주방장이 준비하여 추천하는 Menu로, 고객의 기호에 맞추어 양질의 재료, 저렴한 가격, 때와 장소, 계절에 맞게 고객에게 변화 있는 메뉴를 제공하는 것이다. 정식 식단에 준하는 Menu로서 가격이 합리적이고 메뉴구성도 알찬 편이어서 인기가 있다.

4. Banquet Menu(연회메뉴)

연회메뉴란 정식메뉴와 일품요리 메뉴의 성격을 겸한 메뉴이다. 연회를 받기 전에 가격과 질에 따라 다양한 일품요리 메뉴를 연회주최자와 상의하여 원하는 요리를 골라서 정식메뉴로 구성하여 연회 시에 사용하게 된다.

5. Buffet Menu(뷔페메뉴)

뷔페메뉴란 각 순서마다 메뉴가 다양하게 구성된 메뉴로서 여러 가지 요리를 양껏 먹을 수 있는 장점이 있다. Sandwich류나 Salad류 등으로 특정 종류의 뷔페를 하는 경우가 있는 반면 한식, 양식, 중식, 일식 등을 다양하게 제공하는 뷔페메뉴가 있다.

제3절 서양식기와 식탁 연출

1. 서양의 식기

가. 은기류

1533년 이탈리아 부호의 딸이 프랑스 국왕과 결혼하면서 지참물로 가져온 식기가 전래되면서 프랑스에서는 식기가 발달하게 되었다.

이후 17세기경부터 큰 고깃덩어리를 식탁에 올려놓고 칼로 썰어 먹는 풍습이 사라지고 별도의 장소에서 자른 고기를 식탁에 놓고 각자 잘라 먹기 시작하면서 다양한 식기류가 발달하였다.

- **Knife** : 고기용, 생선용, 버터용, 과일용, Cheese용, Carving용 등
- **Fork** : 고기용, Dessert용, 생선용, Lobster용, Serving용 대형 등
- **Spoon** : Soup용, Dessert용, Coffee/Tea용, Serving용 대형 등
- **기타** : 양념 그릇, Coffee Pot, Tea Pot, Serving용 접시 등

나. Glass류

서양에서는 요리를 맛있게 먹기 위해 전 코스를 통해 단계적으로 종류를 바꿔 가면서 요리와 어울리는 음료나 술 등을 마시게 되므로 Glass는 식탁에 필수적으로 올라오며 또한 식사의 분위기를 훨씬 화려하게 연출해 주기도 한다. 이러한 서양의 일반적인 요리문화에 대응하여 Glass류가 발달하게 되었으며, 다양한 음료, 술의 종류에 따라 사용하는 Glass의 형태가 정해져 있다.

특히 프랑스에서는 Wine을 마실 때 Wine의 생산 지방에 따라 각 지방의 특징적인 맛과 향기를 잘 살릴 수 있는 독자적인 Glass를 사용하고 있다.

1. Collins
2. Shot
3. High Ball
4. Old-Fashioned
5. Beer Mug
6. Beer Pilsner
7. Irish Coffee Cup
8. Pousse Café
9. Parfait
10. Red Wine
11. White Wine
12. Sherry
13. Champagne Flute
14. Brandy Snifter
15. Cocktail
16. Cordial
17. Whisky Sour

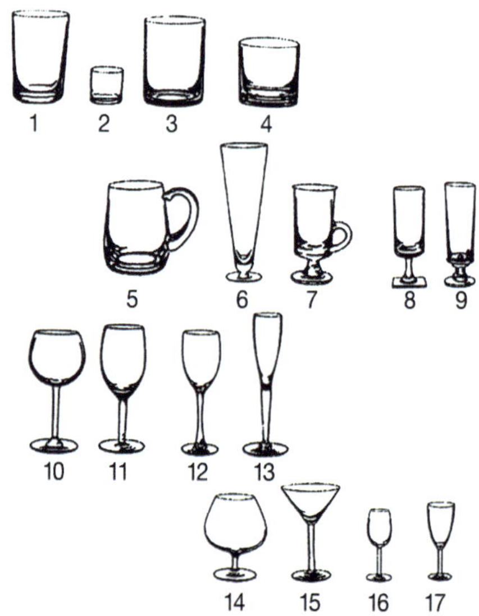

Glass의 종류 및 용도

다. Chinaware : 각종 접시와 그릇류

각 Course별로 주로 신선한 재료를 통째로 요리하여 썰어 먹기 편한 평평한 사기 접시가 주류를 이루고 있다.

2. 식탁 연출

요리의 맛은 요리사의 솜씨, 재료에 따른 미각은 물론 시각, 후각, 청각, 촉각 등 오감이 종합적으로 조화를 이루게 되므로 이에 따라 식탁의 분위기도 맞추어 연출된다.

즉 식탁의 구성요소에는 순백의 테이블보, 부드러운 조명, 독특한 향내, 따스한

Dish의 촉감, 실내온도, 은은한 음악 등 식사의 분위기에 어울리는 복장과 향수 등이 모두 포함된다.

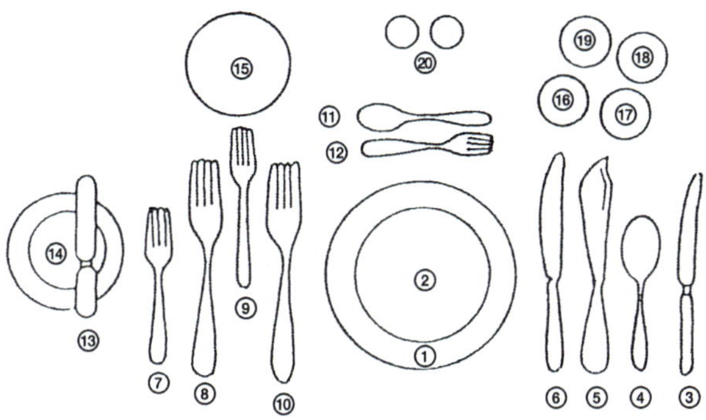

1. Service Plate
2. Napkin
3. Hors d'Oeuvre Knife
4. Soup Spoon
5. Fish Knife
6. Meat(Dinner) Knife
7. Hors d'Oeuvre Fork
8. Fish Fork
9. Salad Fork
10. Meat(Dinner) Fork
11. Dessert Spoon
12. Dessert Fork
13. Butter Knife
14. B. B. Plate
15. Butter Bowl
16. Water Glass
17. White Wine Glass
18. Red Wine Glass
19. Champagne Glass
20. Salt & Pepper(Caster)

정식 식탁차림

서양 정식메뉴

02

제1절 Hors d'Oeuvre(오르되브르)

Hors d'Oeuvre는 영어로 'Appetizer', 우리말로는 '전채요리'라고 한다.
프랑스어에서 Hors(밖의, ~전에)와 Oeuvre(작품, 요리)의 결합어로 '주요 요리(Main course)' 전에 먹는 추가적인 요리라는 의미를 가진다.
Hors d'Oeuvre의 기원을 살펴보면, 13C경 탐험가인 마르코 폴로가 중국 탐험 중, 중국인들이 즐기는 냉채요리를 모국인 이탈리아로 들여와 모방하여 만들어진 요리라는 설과 러시아에서 식당 옆의 찬장(자쿠스키)에 있는 소량의 음식과 술을 마시는 풍습이 유럽에 전래되어 Hors d'Oeuvre로 발전되었다는 설이 있다.

1. Hors d'Oeuvre(오르되브르)의 특성

- Hors d'Oeuvre는 주요리 전에 식욕을 돋우기 위해 먹는 요리로서 색채도 아름답고 장식이 화려한 모양이 특징이다.
- 먹기 쉬운 크기의 재료를 이용하며, 양이 많지 않고 양보다는 질을 중요시한다.
- 재료가 주요리와 중복되지 않도록 하여 주요리와 균형이 잡히도록 고려해야 한다.

- 짠맛, 신맛이 가미되어 그 자극으로 타액의 분비를 촉진시켜 식욕을 돋우어 주어야 한다.

2. Hors d'Oeuvre(오르되브르)의 분류

가. 온도에 의한 분류

1) 찬 전채(오르되브르 프루아, Froid)

Caviar(캐비아), Foie Gras(푸아그라), Smoked Salmon(훈제연어), Terrine(테린)

2) 더운 전채(오르되브르 쇼, Chaud)

Escargot(에스카르고), Fried Mushroom, Frog Legs, Grilled Lobster

에스카르고

나. 가공형태에 따른 분류

1) 가공하지 않은 전채(오르되브르 플레인, Plane)

훈제연어, 생굴 등 재료의 형태, 모양, 맛이 그대로 유지되는 음식

2) 가공된 전채(오르되브르 드레스드, Dressed)

게살요리(Crab Meat), 달걀요리, 각종 무스 등 조리사에 의해 모양이 변형되는 음식

다. 조리형태에 따른 분류

1) Baguette(바게트)

밀가루 반죽으로 작은 배 모양을 만들어 그 안에 생선 알이나 고기를 갈아 채워 만든 것

2) Canapé(카나페)

얇고 작게 자른 빵 조각 위에 여러 가지 재료(Caviar, Foie Gras, Smoked Salmon, Ham, Cheese 등)를 얹어서 만든 요리

3) Cocktail(칵테일)

새우, 바닷가재, 게살요리와 과일, 야채주스 등을 재료로 칵테일 글라스를 이용하여 겉모습을 산뜻하고 매력적으로 만든 전채요리

4) Brochette(브로셰트)

육류, 생선, 야채 등을 꼬치에 끼워 요리한 것

3. Hors d'Oeuvre(오르되브르)의 종류

가. Caviar(캐비아)

1) 특성

Caviar는 철갑상어의 알로서 Hors d'Oeuvre Menu 중 가장 대표적이며 세계 3대 진미 중 하나로 최고급 음식으로 꼽힌다.

단백질이 30% 이상 함유되어 있으며, 비타민 A, B, C, D를 비롯하여 인, 칼륨, 철분 등 영양소가 매우 풍부하다. 또한 소화도 잘되고 콜레스테롤을 전혀 만들어내지 않는 100% 완전 흡수 식품으로도 유명하다. 칼로리가 낮고 고영양식품으로 외국에서는 수술 후 환자나 상류층 귀부인들의 다이어트 식품으로 애용되고 있다.

2) 종류

철갑상어 알이라고 해서 모두 다 Caviar가 될 수 있는 것은 아니며, Beluga, Ossetra, Sevruga 이 세 종류의 철갑상어에서만 Caviar를 산출할 수 있다. Caviar의 이름은 알을 산출한 철갑상어의 이름에서 그대로 따온 것이다. 카스피해 연안을 중심으로 한 이란산과 러시아산이 유명하다.

- Beluga(벨루가) : 철갑상어 중 가장 크고 섬세한 알을 낳으며, 고소하고 진한 맛을 자랑한다. 알이 성숙되는 기간이 18년에서 20년 정도로 오래 기다려야 얻을 수 있으므로 가장 희귀하고 값이 비싼 캐비아로 꼽히고 있다. 색은 Light Grey에서 Dark Grey까지 다양하다.
- Ossetra(오세트라) : 두 번째로 큰 알을 낳는다. Ossetra 특유의 향이 매우 다양하며, 감미로운 맛을 지니고 있다. 색은 Dark Brown-Grey에서 Golden까지 매우 다양하다.
- Sevruga(세브루가) : 철갑상어 중 입이 뾰족하고 길어 외양이 가장 특징적이며, 제일 작은 알을 낳는다. 색은 Dark Grey로 고유의 농축된 강한 맛과 독특한 풍미로 인기가 높다.

3) 제조과정

Caviar는 제조시간이 약 15분 정도로 세계에서 가장 빠른 Fast Food 중 하나라고 한다.

- 철갑상어 포획 : 잡는 과정에서 철갑상어가 몸에 고통을 느끼면 체내에 화학성분이 분비되어 그 알은 쓴맛을 내게 되어 질 좋은 Caviar를 얻을 수 없게 되므로, 단번에 충격을 주어 온몸을 마비시킨 후 곧바로 알을 꺼낸다.
- Caviar 제조 : 꺼내어진 알의 성숙도에 따라 전문가의 손으로 소금이 첨가되어 맛을 들이는 작업에 들어가고 그 다음에 곧 진공상태로 보관한다. 이 제조과정에서 소량의 소금을 의미하는 'Malossol'이란 용어가 도입되었으며 소금이 첨가된 모든 Caviar의 브랜드에 'Malossol'이란 표현을 사용하고 있다.

4) 보관방법

제조 시 소량의 소금만을 사용하여 신선미를 살린 음식으로 항상 섭씨 0~2도 정도로 냉장 보관해야 하며 7도 이상이 되면 쉽게 상하므로 유의해야 한다. 또한 냉동보관하면 고유의 향과 맛이 감소된다.

일반적으로 일단 Caviar Can이 개봉되면 곧바로 소비되어야 하며 이상적인 소비기일은 일주일 이내이다. 캔으로 포장된 알은 약 1개월 동안 신선도가 유지된다.

5) Caviar의 등급

Caviar의 등급 부여는 어렵고 까다로운 과정을 거치게 되며, 고급 레스토랑에서는 등급에 따라 가격의 차이를 두고 제공하고 있다.

철갑상어가 밀집해 서식하고 있는 카스피해는 러시아와 이란에 걸쳐져 있어 실제로 러시아산이나 이란산 둘 중 어느 것이 우수하다고 할 수 없다. 등급 결정에 중요한 요소는 알의 통일성(Uniformity), 항상성(Consistency), 크기, 색깔, 향, 맛, 그리고 알의 표면이 빛나고 단단하면서도 섬세한 것 등이다.

Caviar의 신선도는 밝은 빛깔, 청명함, 그리고 고유의 강렬한 향에 의해 좌우된다. 오래된 Caviar는 빛깔이 탁하고 냄새가 아주 강하다.

6) 먹는 방법

캔을 얼음 위에 올려놓고 항상 차게 해서 즐긴다. 주로 달걀과 Onion, Lemon을 곁들여서 먹거나 Melba Toast, Caviar & Blini, French Rye Bread 등의 빵, 얇은 토스트 위에 버터만 발라 Caviar를 얹어서 먹는 등 다양한 방법으로 즐길 수 있다.

은제품은 Caviar의 맛을 변질시켜 사용하지 않는 것이 좋으므로, 주로 금제품의 수저를 많이 사용한다. Caviar는 얼음으로 차게 한 러시아 보드카나 샴페인을 곁들여 먹으면 좋다.

Caviar & Blini

나. Foie Gras(푸아그라)

1) 특성

거위나 오리의 간을 살짝 익힌 요리로 영어로는 Goose Liver라고 한다.

Hors d'Oeuvre 중 최고급 요리에 속하며, Caviar, Truffle과 함께 Foie Gras가 세계 3대 진미로 꼽힌다.

희귀하고 값비싸기로 유명한 식용버섯의 일종인 Truffle과 매우 잘 어울리며 주로 차게 해서 먹는다. 맛이 부드럽고 풍미가 강하며 고단백 영양식품으로 유명하다. 'Pâté의 왕자'로 불릴 만큼 유명한 Pâté(파테) 요리 중 하나이다.

Truffle(송로버섯)

흑진주, 흑다이아몬드라고 불리는 서양 송로버섯으로 향기가 짙고 맛이 좋아 옛날부터 서유럽에서 진귀하게 알려졌다. 주로 프랑스·이탈리아·독일 등지의 떡갈나무, 개암나무 뿌리 등에 공생의 관계로 서식하며 다른 버섯과는 달리 땅 밑에 서식하기 때문에 눈에 띄지 않아 채취가 어려우므로 주로 개, 돼지 등 동물의 힘을 빌려 어렵게 채취하고 있다.

채취된 Truffle은 바로 거래되기도 하나, 대부분 유통과정에서 그 신선함을 유지시키기 어려우므로 주로 통조림으로 제조된다. Truffle의 진가는 그 독특한 향기에 있으며 Foie Gras는 그 절묘한 조화로 세계 최고의 사치 요리로 평가되기도 한다. 프랑스 Périgord(페리고르) 지방이 Foie Gras와 Truffle(프, Truffe 트뤼프)의 본고장으로 유명하다.

2) 제조과정

거위를 잡기 2주 전부터 옥수수 사료를 강제로 먹여 어두운 곳에서 잠만 자게 하여 비대해지게 만든 다음 간을 채취한다. 채취한 간에 소량의 술, 향신료 등을 혼합한 다음, 형틀에 넣어 오븐에서 오랜 시간 약한 불로 구워 Pâté로 만든다. 최고 품질일수록 염분 이외의 첨가물은 넣지 않으며 스테인리스 캔(Can)에 넣거나 그대로 구워서 병에 넣기도 한다.

다. Smoked Salmon

Salmon & Caper

훈제된 연어로서 맛이 부드럽고 풍미도 좋다. 주로 Lemon, Onion, Caper 등과 함께 먹거나 얇은 Toast와 함께 먹는다.

- Smoked Salmon Rose

Caper(케이퍼)

케이퍼는 지중해 연안에 널리 자생하고 있는 식물로서 꽃봉오리 부분을 향신료로 이용하며, 소금물에 저장했다가 물기를 빼서 식초에 담가놓았다가 사용한다.

라. Smoked Ham

훈제된 햄으로서 풍미가 좋으며, 주로 Melon Ball과 함께 먹는다.

- Parma Ham with Melon

마. Canapé(카나페)

얇고 작게 자른 빵조각 위에 여러 가지 재료(Caviar, Foie Gras, Smoked Salmon, Ham, Cheese 등)를 얹어서 만든 요리이다.

손으로 먹어도 무방하여 식전주(Apéritif)와 매우 잘 어울리는 전채요리로 유명하다.

바. 기타

- Lobster Médaillon(메다용) : 메달 모양으로 만든 바닷가재 요리이다.
- Sole Mousse : 참가자미를 곱게 갈아 크림을 넣고 부드럽게 만든 요리이다.
- Crab Claw : 삶은 집게발
- Shrimp

4. Hors d'Oeuvre(오르되브르)와 어울리는 Dips

Dips란 Hors d'Oeuvre를 찍어 먹는 Sauce를 말하며 다음과 같은 종류가 있다.

가. Mary Rose Sauce

Mayonnaise, Tomato Ketchup, Cognac 등을 재료로 한 진한 살색 소스로서 Lobster, Poached Trout 등에 어울린다.

나. Ravigote Sauce

Mayonnaise, Tarragon(쑥의 일종), Vinegar, Lemon Juice 등을 재료로 한 연한 살색 소스로서 Bay Shrimp, Crab Meat 등에 어울린다.

다. Cocktail Sauce

Tomato Ketchup, Horseradish, Chili Sauce, Worcestershire Sauce, Tabasco Sauce, Herbs, Green Pepper 등을 재료로 한 빨간색 소스로서 Shrimp, Crab Claw 등에 잘 어울린다.

5. Hors d'Oeuvre(오르되브르)의 요리방법

가. Pâté(파테)

재료(육류, 지방, 향신료 등)를 혼합하여 밀가루 반죽을 파이처럼 씌워 타원형의 틀에 넣고 오븐에 표면의 색을 잘 내면서 약한 불로 구워 냉육시키는 요리방법이다.

- **Venison Pâté** : 사슴고기를 Pâté한 요리
- **Veal Pâté** : 송아지고기를 Pâté한 요리

나. Terrine(테린)

Pâté처럼 혼합한 재료를 'Terrine'이라 불리는 질그릇 용기에 고기나 생선 등의

재료를 넣어 오븐에 구운 것으로 Pâté와는 달리 뚜껑을 덮어 표면에 색이 나지 않도록 구운 다음, 냉육시키는 요리방법이다.

- **Mussel Terrine** : 홍합을 Terrine한 요리
- **Terrine Harlequin** : 연어, 농어, 시금치를 Terrine하여 냉육시킨 다음, 김으로 싸놓은 요리

다. Galantine(갈랑틴)

Terrine과 비슷한 요리방법으로 양계, 사냥물 혹은 고기의 뼈를 제거하고 고기다짐으로 채워 삶은 다음 냉각시켜 냉육소스와 고기젤리를 씌우고 장식한 냉육요리이다.

- **Chicken Galantine** : 닭고기를 Galantine한 요리

Table Manner

- 전채요리는 Main요리를 위해 너무 많이 먹지 않도록 한다.
- Canapé는 빵 위에 생선, 고기, 야채, 치즈 등을 얹어 샌드위치 모양으로 만든 것으로 손으로 먹는다.
- 빵이 곁들여진 Terrine, Caviar는 빵을 한입 크기로 떼어 빵에 얹어 먹는다.
- 생굴은 왼손으로 잡고 오른손으로 생굴용 포크를 이용한다.
- 새우 칵테일은 Glass가 쓰러지지 않게 잡고 포크로 먹는다.
- 에스카르고(달팽이요리)는 전통집게로 껍질을 고정시킨 후 전용 Fork를 이용하여 먹는다.

제2절 Soup와 Bread

> 포르투갈에서는 '빵과 수프와 사랑은 최초의 것이 제일 좋다'는 말이 있으며, 이탈리아에서는 '재차 따뜻하게 데운 수프는 아무 의미가 없다'는 말이 전해진다.
> Soup는 레스토랑의 유래와 관련이 깊다. 1765년 블랑제(Boulanger)가 파리에서 처음으로 양(羊)의 발을 화이트 소스로 끓인 '레스토랑'이라는 이름의 수프를 팔기 시작했는데, 당시 신비로운 스태미나 식품으로 유행하였으며, 이는 '체력을 회복시킨다'는 뜻의 '레스토레(Restaurer)'라는 말에서 유래되어 '레스토랑'이 일반적인 음식물을 제공하는 가게의 이름이 되었다.

1. Soup의 특성

Soup는 서양식에서 유일하게 국물이 있는 요리로 프랑스어로는 Potage(포타주)라고 하며, Soup의 총칭이다.

일반적으로 Soup는 Dinner에 뜨겁게 제공되는 경우가 많으며 주로 Soup와 빵이 함께 나온다. 주요리 전에 제공되어 식욕을 돋우고 위벽을 보호하며 알코올에 대해 저항력을 강하게 해주어 뒤따르는 음식의 소화를 돕는다.

Potage(포타주)
Soup의 총칭으로, 이는 맑은 수프(Clear Soup)인 Potage Clair(포타주 클레르)와 진한 수프(Thick Soup)인 Potage Lie(포타주 리에)로 나누어진다.

2. Soup의 종류

Soup는 육류, 생선, 뼈, 채소 등을 단독으로 혹은 서로 혼합하여 약한 불로 천천히 장시간 끓여 우려낸 국물 즉 육수(Stock 스톡, Bouillon 부용)를 기본으로 하여 만든다.

Soup의 기본이 되는 Stock에 간과 향신료를 더해 고아낸 국물을 Bouillon(부용)이라 하고, Bouillon(부용)을 기본으로 맑은 수프(Clear Soup)나 진한 수프(Thick Soup)를 만든다.

가. Clear Soup(Consommé, **콩소메**)

맑고 투명하며 주로 코냑 색이 나는 것이 특징이며, 주재료나 곁들임에 따라 Soup의 이름이 다양하게 바뀐다.

고기와 채소 등을 끓여 정제한 것으로 Stock(육수)의 재료나 Garnish에 따라 Soup의 이름이 다양하게 바뀐다.

- Beef Consommé, Chicken Consommé, Fish Consommé, French Onion Soup 등

나. Thick Soup(Potage, **포타주**)

전분, 달걀 노른자, 생크림 등이 Stock에 들어간 걸쭉한 Soup로 모두 전분이 함유되어 있는 것이 특징이며, 주재료나 Garnish에 따라 Soup의 이름이 다양하게 바뀐다.

- Cream Soup : Roux(루 : 밀가루와 버터를 1 : 1로 볶은 것)에 크림, 우유를 첨가하여 약간 묽게 만든 Soup이다.
- Purée Soup : 진한 육수에 감자, 콩 등 채소를 넣고 푹 끓여 체에 걸러 만들며, 각종 야채가 모두 재료가 될 수 있다.
- Velouté Soup : 육수에 버터로 볶은 밀가루를 넣은 것을 기본으로 한다.
- Chowder Soup : 주재료가 조개살과 감자인데 일종의 Cream Soup의 형태라고 볼 수 있다.
- Bisque Soup : 갑각류(새우, 게, 바닷가재)의 Potage를 말하며, 갑각류를 끓여 체에 걸러서 만든다.

분 류	Soup명
Clear Soup	• Meat Bouillon(부용) • Consommé(콩소메)
Thick Soup	• Cream Soup • Velouté Soup(벨루테) • Bisque Soup • Pureé Soup(퓌레) • Chowder Soup
Special Soup	• Shark's Fin Soup(상어지느러미 수프) • Ox-Tail Soup(쇠꼬리 수프)
National Soup	• Goulash(굴라쉬) : Hungarian Soup • Minestrone(미네스트로네) : Italian Soup • Gazpacho(가스파초) : Spanish Soup • Bouillabaisse(부야베스) : French Soup

3. Soup Garnish

가. Clear Soup에 잘 쓰이는 Garnish

- Julienne(쥘리엔) : 가늘게 채 썬 야채
- Vermicelli(베르미첼리) : 이탈리아의 가는 국수
- Célestine(셀레스틴) : 달걀과 밀가루를 달걀 노른자, 크림과 반죽하여 밀전병으로 만들어 가늘게 채 썬 것
- Royal(로열) : 반죽하여 지단으로 만들어 주사위 모양이나 다이아몬드 모양으로 자른 것

나. Thick Soup에 잘 쓰이는 Garnish

- Crouton : 빵을 주사위 모양으로 잘라 Butter를 묻혀 튀겨낸 것
- Chopped Bacon : 잘게 다진 Bacon
- Diced Sausage : 주사위 모양으로 자른 Sausage
- Cracker : 크래커

- Soup는 요리사의 정성이 오랜 시간 배어 있는 음식이므로 우선 맛을 본 후에 Salt, Pepper를 첨가하는 것이 매너이다.
- Spoon은 손잡이 중앙부에서 약간 위쪽으로 연필 잡듯이 잡고, 앞에서 바깥쪽으로 퍼서 먹는다(Soup는 Drink의 개념이 아니라 Eat의 개념).
- 소리를 내어 후룩후룩 먹거나 불어서 식혀 먹지 않는다.
- 손잡이가 달린 Cup에 나올 경우 손잡이를 잡고 마셔도 무방하나 첫 Soup는 Spoon으로 먹는다. 조금 남으면 왼손으로 접시 앞쪽을 약간 들어 올려 먹도록 하며, 다 먹은 후 접시 위에 Spoon을 놓는다.
- Cracker나 Crouton이 나오면 손으로 부숴 넣어 Soup와 함께 먹는다.

4. Bread의 특성과 종류

가. 특성

Dinner에서 Bread는 주로 Soup Course에 이어 제공되며 배를 채우는 개념이 아니다. Bread는 약알칼리성으로, 각 Course별로 제공되는 음식 고유의 맛을 즐길 수 있도록 혀에 남은 맛을 씻어주는 역할을 하므로 Course 사이에 조금씩 먹는다. Bread는 요리와 함께 먹기 시작해서 Dessert 전에 끝내는 것으로, 통상 Dessert Course까지 Refill된다.

나. Dinner Bread의 종류

- Hard Roll
- French Baguette
- Soft Roll
- Garlic Bread
- Grissini(그리시니) : Breadstick

Grissini

Breakfast Bread

Danish Roll, Brioche, Croissant, Soft Roll, Muffin 등

제3절 Salad

> 샐러드의 어원은 라틴어의 "Herba Salate"로서 '소금을 뿌린 Herb(향초)'라는 뜻이다. 즉 샐러드는 신선한 야채나 향초 등을 소금만으로 간을 맞추어 먹었던 것에서 유래한다. 이것이 발전하여 다양한 드레싱과 기름과 식초 등을 첨가하여 먹게 되었고 야채도 여러 가지를 혼합하여 사용하게 되었다.
> 영미인들은 샐러드를 고기요리와 같이 먹거나 그 전에 먹는 반면, 프랑스인들은 고기요리가 끝난 다음에 먹는 습관이 있다.

1. Salad의 특성

Salad는 유럽권에서는 통상 Entrée와 함께 나오거나 Entrée 이후에 제공되며, 그 외 나라권에서는 일반적으로 Entrée 전에 제공되기도 한다.

Salad는 신선한 야채의 고운 색깔로 인해 요리의 다채로움과 풍성함을 더해 주고, 가볍고 신선한 미각으로 요리의 중심점이 되는 Entrée와 조화를 이룬다.

알칼리성 식품으로 육식을 중화시켜 주는 역할을 하며, 건강과 미용의 원천이기도 하다.

2. Salad의 구성

샐러드는 기본재료(Base)와 주요 재료(Body), 드레싱(Dressing), 장식(Garnish)으로 구성된다.

가. Base

Green Lettuce가 대부분으로 접시를 채움과 동시에 본체와 색상 대비를 시켜 준다.

- Iceburg Lettuce, Romain Lettuce, Butterhead Lettuce 등

나. Body

색상이 진하고 고운 야채 종류로 Base와 색상을 대비시켜 화려함을 더해준다.

- Belgian Endive, Chicory, Winter Mushroom, Corn Salad, Watercress, Mustard & Cress, Leek, Celery Radish, Scallions 등

다. Dressing

야채에 끼얹어서 더욱 부드럽고 신선한 맛을 돋우는 Sauce이다. 'Dressing'이라는 단어는 본래 '옷치장, 마무리'라는 뜻을 지니고 있다. 여기에서 유래되어 'Dressing'이란 샐러드 위에 뿌리는 소스의 명칭이 되었으며 미국에서는 'Dressing', 유럽에서는 'Sauce'라 불리고 있다. 샐러드에 첨가하여 향미를 증진시키는 역할을 한다.

- **French Dressing** : 신맛이 강하게 나는 Oil Type의 Dressing
- **Italian Dressing** : 파프리카 맛이 강하며 신맛이 나는 Oil Type의 Dressing
- **Thousand Island Dressing** : Cream Type의 마요네즈계 Dressing

라. Garnish

색상, 향미를 돋우는 재료가 많으며, Base와 Body의 야채류와 맛의 조화가 잘 대비되어야 한다.

- **Vegetable Garnish** : Black Olive, Green Olive, Baby Corn, Cherry Tomato, Cucumber
- **Anchovy Fillet(앤초비 필레)** : 일종의 멸치젓갈
- **Dried Garnish** : Sunflower Seed(해바라기 씨), Crouton(튀긴 빵조각), Chopped Bacon

최상의 Salad를 위한 Salad의 4C

- Clean : 깨끗하고 신선한 재료를 사용한다.
- Cool : 차게 보관한다.
- Crispy : 냉각한 것처럼 바삭거려야 한다.
- Colorful : 다채롭고 풍성하게 색상을 배열해야 한다.

3. Salad의 분류

가. Plain Salad

한 가지 재료, 주로 Green Lettuce 등의 신선한 야채만으로 이루어진다. 신선하고 야채 고유의 단순한 맛을 즐길 수 있다.

- Green Salad

나. Mixed Salad

여러 가지 재료를 섞어서 이용한다.

- Base + Body + Dressing + Garnish

1) Chef's Salad

Lettuce, Tomato, Carrot 등 많은 야채를 Mix한 것에 슬라이스한 완숙 달걀, Ham, Emmental Cheese 등을 얹고, Chopped Parsley를 넣고 French Dressing을 곁들인다.

2) Caesar Salad

Lettuce, Anchovy, Parmesan Cheese, Chopped Bacon, Egg, Crouton을 섞은 후 French Dressing을 곁들이고 Parmesan Cheese를 조금 뿌린다.

다. American Salad

1) Helene Salad

Orange가 반드시 들어가며 Lettuce, 송로버섯, Asparagus, Green Pimento에 Cognac을 약간 가미한 French Dressing을 곁들인다.

2) Waldorf Salad

사과, 샐러드, 호두 등 과일을 주로 사용하여 만드는 샐러드를 말한다. 사과가 반드시 들어가며 Celery와 함께 Mayonnaise로 버무려 건포도, 호두 등을 곁들인다.

3) Salad Florida

Grapefruit, Pineapple, Banana, Lettuce를 Mayonnaise로 버무려 호두와 Orange를 곁들이며, Banana 껍질에 얹어서도 나온다.

4) Chiffonade Salad

Lettuce, Celery, Tomato, Watercress, 다진 삶은 달걀, 가늘게 썬 무에 French Dressing을 곁들인다.

라. Russian Salad

Carrot, Celery, Potato를 작은 Cube 모양으로 잘라 Mayonnaise로 버무려 Ox-Tongue, Ham, Lobster 등을 곁들인다.

Table Manner

- Salad만 나올 때도 있으나, 육류요리와 함께 나오는 경우도 많으며, 이 경우 고기와 교대로 먹어도 좋고, 고기를 다 먹고 나서 Salad를 먹어도 무방하다.
- Fork만으로 먹는 것이 원칙으로, 야채가 큰 경우 Fork의 측면을 이용하여 잘라 먹되, 안될 경우 Knife를 써도 무방하나 Salad가 Bowl에 담겨 나오는 경우는 Knife를 사용하지 않는다.

제4절 Main Dish(Entrée)

> 프랑스에서 Entrée(앙트레)란 말은 'Enter(들어가다)'에서 파생한 말로서 원래 '본격적으로 시작되는 요리'의 의미로 쓰이고 있다.
> Entrée란 정식 코스요리에 있어서 가장 High Light가 되는 Main Dish로서 정통 레스토랑에서는 식사의 High Light답게 뜨거운 접시 위에 뚜껑을 덮어 뜨겁게 제공하고 있다.

1. Main Dish의 특성

Entrée는 요리에 있어서 가장 중심이 되는 Main Dish로서 생선요리, 고기요리, 구이요리를 통틀어 일컫는 개념으로 사용하고 있다.

생선요리는 원래 수프 다음에 제공되는 요리로서 최근에는 정찬이 아니면 생선코스가 생략되는 경우가 많으나, 기호에 따라서는 육류 대신 주요리로 제공되기도 한다.

본격적인 주요리에 들어가기 전에 소화가 잘되는 연한 생선코스 이후에 육류에 들어가는 것이 일반적이다.

2. Main Dish의 구성

가. Entrée(앙트레)

Meat류, Fish(Seafood)류, Poultry류, Game류 등이 있으며 Sauce가 함께 곁들여진다.

- **Meat류** : 소(Beef), 송아지(Veal), 돼지(Pork), 양(Mutton, Lamb)
- **Seafood류** : Fish, Shellfish
- **Poultry류** : Chicken, Duck, Turkey
- **Game류** : Pheasant, Quail

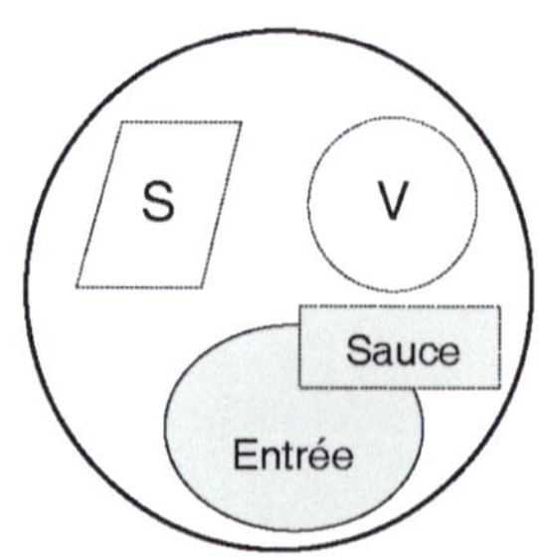

Main Dish의 구성

나. Starch

전분이 함유되어 있는 재료로 만든 감자, 밥, 국수 등을 의미한다.

다. Vegetable

곁들이는 더운 야채요리를 의미한다.

3. Entrée(앙트레)의 종류

가. Beef

1) Beef의 주요 부위별 명칭

Beef 요리는 부위에 따라 질의 차이가 많이 나며, 또한 요리의 이름도 이러한 부위의 명칭과 요리방법에 따라 결정된다.

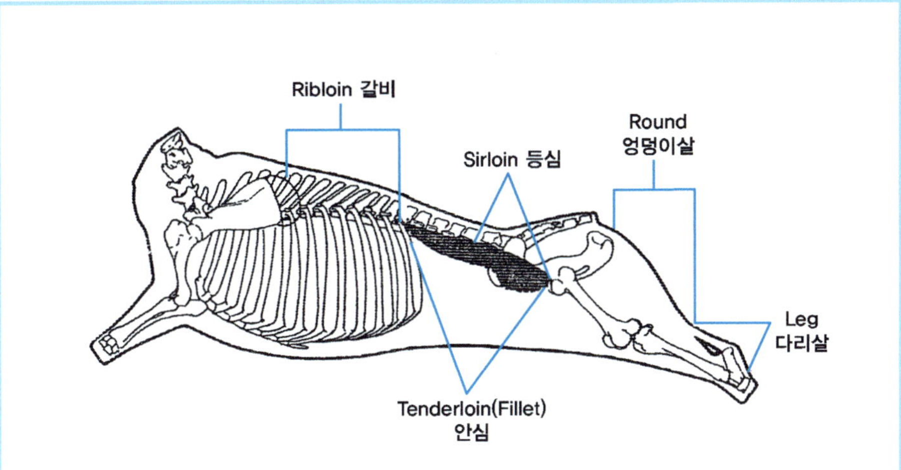

Beef의 주요 부위별 명칭

2) Beef의 대표적 요리방법

① Steak : Fillet, Sirloin, Rib 등의 부위를 일정한 크기(1인분 단위)로 잘라 Sauté하거나 Grill하는 요리방법

Sauté(소테)
팬에 기름을 두르고 고기를 강한 불로 빠르게 지지는 요리방법

Grill(그릴)
굵은 석쇠를 이용해 불에 직접 굽는 요리방법

구이방법
- Welldone : 고기 속까지 완전히 익힌 것
- Medium : 고기 절반만 익힌 것. 중심부가 모두 핑크빛
- Medium Rare : 중심부가 핑크와 붉은 부분이 섞인 상태
- Rare : 고기 겉만 익힌 것으로 붉은 날고기 상태

② Roast : Fillet, Sirloin, Rib 등의 부위를 큰 고깃덩어리(Lump)째로 모양이 변하지 않도록 실에 감아 Oven에서 굽는 방법으로, 불에 구워지면서 고기의 외부에 딱딱한 껍질(Crust)이 형성되어 육즙이 보존되고 고유의 맛이 높아진다.

3) Beef Steak Menu의 종류와 특성

① Fillet 부위를 이용한 Steak : Steak 중 최고급으로 쇠고기의 특유한 미각을 맛볼 수 있는 요리이다.

- Tenderloin(Fillet) : 안심을 뜻하며 이는 소의 등뼈 안쪽으로부터 허리부분까지의 가느다란 양쪽 부위를 말한다. 주위는 지방으로 둘러싸여 있으나 안심 자체는 지방이 거의 없는 부드러운 육질을 갖고 있어 쇠고기 중 최상급에 속한다.

미국식 안심분류법

① Head
② Châteaubriand
③ Filet
④ Tournedos
⑤ Filet Mignon
⑥ Filet Tip

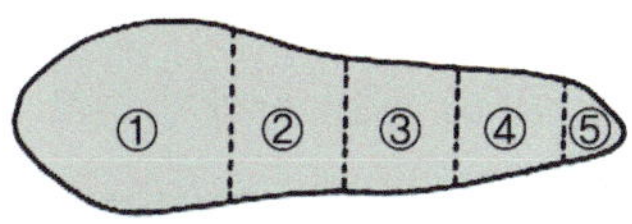

프랑스식 안심분류법

① Châteaubriand
② Filet
③ Tournedos
④ Filet Mignon
⑤ Filet Goulash

안심분류법

- Châteaubriand(샤토브리앙) : 19C 프랑스 귀족작가 샤토브리앙이—요리사 몽미레이유가 만든 안심스테이크의 가장 가운데 부분—즐겨 먹은 부위라는 데서 유래된 Fillet 고기 중 가장 좋은 부위로 최고급 Steak이다. Fillet의 제일 굵은 부분을 사용, 통상 3~5cm 두께로 잘라서 한 덩이가 2인분으로 조리되므로 고깃결과 직각이 되게 반쪽으로 잘라 1인분을 2~3Pcs 정도로 Slice하여 담게 된다.
- Tournedos(투르네도) : 약 150g 정도로 Cutting한 고기에 얇게 저민 돼지비계나 베이컨을 감아서 모양을 갖춰 요리한다. 베이컨을 감아 요리하는 이유는 지방분을 보충하고 베이컨의 강한 풍미가 쇠고기로 옮겨져 Steak의 풍미를 증가시키기 위해서이다.

- Fillet Mignon(필레미뇽) : Tournedos 다음 부분으로 고기가 연하며 역시 최고급 Steak으로 애호된다. Steak에 Foie Gras를 곁들인 'Fillet Mignon Rossini' 요리는 매우 유명하다.

② Sirloin Steak : 갈비 아래쪽에 붙은 등심고기로서 영국왕 찰스 2세가 이 고기에 작위를 주었다 하여 Loin(허리살)에 Sir를 붙이게 된 만큼 인기가 높으며, 안심보다는 육질이 약간 질기고 고소한 맛을 지닌 Steak이다.

③ T-Bone Steak : 한 개의 뼈를 사이에 두고 한쪽에는 Fillet, 다른 한쪽에는 Sirloin이 붙어 있어 하나의 Steak에서 두 부위의 맛을 볼 수 있는 Steak이다. 뼈가 T자 모양을 하고 있어 T-Bone Steak라 불린다.

④ New York Steak : 소의 13번째 갈비에서부터 허리 끝까지 왼쪽 뼈 끝 사이의 척추 위에 붙은 살을 말하며 잘랐을 때의 모양이 New York 도시의 Manhattan 섬을 닮았다 하여 이름이 붙여졌다.

4) Roast Beef

Fillet나 최상급 Rib, Sirloin 부위를 사용하여 덩어리째로 모양이 변하지 않도록 실을 감아서 Oven에 Roast한 요리이다.

약 6~8mm의 두께로 Cutting되어 2~3Pcs로 담게 되며, 굽는 도중에 고기에서 나오는 육즙인 Au Jus Sauce(오주 소스)를 함께 곁들인다.

Roast Beef는 전통적인 영국의 요리방법으로 고기와 Watercress, Yorkshire Pudding을 함께 곁들여 먹는다.

Watercress

무순처럼 생겼으며 쌉쌀하고 매운맛을 지닌 야채이다.

Yorkshire Pudding

밀가루, 우유, 달걀 등으로 만든 푸석푸석한 속이 빈 푸딩으로 접시에 흐르는 육즙을 스며들게 하여 먹는다.

5) Beef Wellington

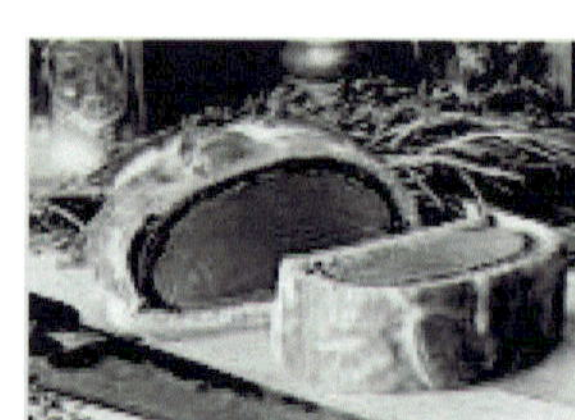

Saute한 Fillet에 Duxelles(뒥셀)로 입혀 Pastry로 말아 달걀 노른자를 칠한 다음 Oven에 구운 요리이다. 먼저 Pastry 부분이 흐트러지지 않도록 유의하여

2cm 두께로 Cutting하여 담게 된다.

- Duxelles은 잘게 썬 Foie Gras, 버섯, 양파 등을 Butter에 볶은 것으로 반죽을 거품 내어 Coating용으로 만들어진다.

6) Beef Stroganoff(스트로가노프)

러시아가 본고장인 요리로 쇠고기를 가늘게 썰어 약간 Sauté한 다음, Wine, Demi-Glace Sauce, Sour Cream 등을 첨가하여 요리된다.

나. Fish

생선의 종류와 요리방법에 따라 요리 이름이 결정되며 또한 그에 따라 각기 개성 있는 맛과 풍미가 결정된다.

1) Fish의 종류

- Turbot : 가자미
- Sole : 혀가자미
- Salmon : 연어
- Seabream : 도미
- Cod : 대구
- Halibut : 큰 가자미
- King Fish : 민어
- Seabass : 농어
- Trout : 송어

2) Fish의 대표적 요리방법

- Boil : 생선을 육수에 넣어 끓이는 요리방법
- Braise : 생선에 소량의 육수를 넣고 끓여서 졸이는 요리방법
- Fry : 생선을 밀가루 반죽에 버무려 기름에 튀기는 요리방법
- Grill : 생선을 숯불에 구운 뒤 프라이팬으로 익히는 요리방법
- Meunière(뫼니에르) : 생선에 소금과 후추를 뿌리고 밀가루를 묻혀 버터구이를 하는 요리방법
- Steam, Poach : 다량의 끓는 물 또는 끓기 직전의 물을 사용하는 요리방법

3) Shellfish 요리

조개와 갑각류 요리로서 대표적인 요리방법으로는 Grill, Steam 등이 있다.

- Abalone : 전복
- Clam : 대합
- Crab : 게
- Cray Fish : 가재
- Lobster : 바닷가재
- Oyster : 굴
- Prawn : 큰 새우
- Shrimp : 작은 새우
- Scallop : 가리비조개

다. Veal

생후 6개월가량의 송아지고기를 말하며 지방분이 적고 부드러우며 독특한 향이 있다. 통상 송아지고기를 주문받을 때는 굽는 정도를 주문받지 않는다.

1) Veal의 주요 부위

Sweet Bread(후두육 - 목덜미 부위의 살), Leg(다리 부위 살)

2) Veal의 대표적 요리방법

- Roast : 오븐 속이나 불 위에서 굽는 요리방법
- Fry : 팬에 기름을 두르고 굽는 요리방법
- Braise : Fry한 고기를 물이나 육수에 넣고 오래 끓이는 찜 요리방법

Veal Scaloppine

Veal을 Slice하여 Sauté한 요리이다.
Scaloppine(스칼로피네)는 이탈리아어로 Slice했다는 뜻이다.

Roast Leg of Veal

송아지 다리 부위를 Roast한 것으로 풍미를 더하기 위해 Bacon으로 감아서 Roast하기도 한다. Welldone으로 익혀 나오며 6~8mm 두께로 잘라서 2~3Pcs로 담게 된다.

Veal Sweetbread Médaillon(메다용)

송아지의 후두육(목덜미살)을 찬물에 담가 얇은 막을 제거한 다음, 밀가루를 묻혀 Butter로 Pan Fry한 다음, Sherry Wine 등을 넣은 Sauce를 곁들이는 요리이다.

라. Pork

돼지고기 요리는 속살까지 익혀 고기의 색깔이 Pink빛이 없는 Gray-White 빛이 될 정도로 요리되어야 한다.

1) Pork의 주요 부위

Loin(허리 부위 살), Shoulder(어깨 부위 살), Round(엉덩이살)

2) Pork의 대표적 요리방법

- Roast : Loin과 Shoulder 부위 이용
- Ham : Round 부위 이용
- Bacon : 배, 목 부위 이용

Roast Rack of Pork with Apple Sauce

갈비뼈가 붙어 있는 부위를 뼈째 Roast한 요리로 Apple Sauce가 곁들여 나온다. 보통 뼈와 뼈 사이를 Cutting하여 담게 되나, 두꺼울 경우 그 사이를 한 번 더 Cutting하여 2Pcs로 나온다.

마. Lamb

Lamb은 1년 미만의 어린 양고기를 말한다. 육질이 부드럽고 지방과 수분 함량이 적기 때문에 조금만 익혀야 하며, 주로 Mint Sauce와 잘 어울린다.

- 3~5개월 : Baby Lamb
- 5개월~1년 : Lamb
- 1년 이상 : Mutton

Roast Leg of Lamb Mint Jelly Sauce

다리 부위 중 뼈를 빼고 살 부분만을 Roast한 것으로 Roast Beef처럼 6~8mm 두께로 잘라서 Mint Jelly Sauce를 곁들여 나오는 요리이다. Medium이나 Welldone으로 익혀 나온다.

Lamb Noisette(누아제트)

허리 부위 살을 Sauté하거나 Fry한 후 Sauce를 곁들여 나오는 요리이다. Noisette는 허리 고기 살의 뼈를 빼내고 1Inch 두께가 되도록 다듬은 고기 조각을 말한다.

바. Poultry

Poultry란 일반적으로 Chicken, 오리, 거위, 칠면조 등의 가금류를 의미한다.

1) Chicken

닭고기 요리는 크게 Cock(수탉), Hen(암탉), Chicken(어린 닭)으로 분류할 수 있다.

- Chicken의 주요 부위 : Breast(가슴 부위), Wing(날개 부위), Drumstick(다리 부위)
- Chicken의 대표적 요리방법 : Fry, Braise

Chicken À La Kiev(알라 키에프)

러시아의 전통적인 닭요리로 Breast of Chicken에 Butter, 소금, Chives를 뿌려 만 다음, 밀가루를 가볍게 묻히고 달걀에 담갔다가 빵가루를 묻혀 Fry한 것이다.

Coq Au Vin(코코뱅)

프랑스 중부지방의 요리로 닭의 껍질을 제거하지 않은 채 Red Wine을 넣고 찐 요리이다.

Breast of Chicken Cordon Bleu(코르동 블뢰)

Cheese와 Ham이 들어간 닭 가슴살 요리이다.

Braised Chicken

찜요리의 일종으로 닭고기에 야채, 포도주, 육수 등을 넣고 맛이 스며들도록 찐 요리이다.

2) Duck

오리고기의 독특한 냄새와 Orange의 향이 잘 어울리기 때문에 오리고기 요리에는 주로 Orange Sauce가 곁들여 나온다.

- Duck의 주요 부위 : Breast
- Duck의 대표적 요리방법 : Roast

Roast Breast of Duckling Bigarade(비가라드)

가슴 부위 살을 Roast한 다음 설탕, Orange Juice, Duck Stock을 넣고 졸인 것에 Demi-Glace Sauce를 곁들여 Orange Slice를 얹어 요리한 것이다.

Breast of Duckling Surprise

오리 가슴 살에 Foie Gras를 채우고 Ham으로 만 요리이다.

3) Turkey

매년 크리스마스경이면 칠면조류 고기의 기름기가 적당히 많아지므로 고기 맛이 가장 좋은 때이다. 주로 Roast로 요리되나 훈제품으로 가공되어 Sandwich에도 많이 애용된다.

사. Game

사냥해서 잡은 야생동물을 일컫는 말이며, 집에서 사육한 것과는 풍미가 달라 미식가들에게 인기가 있다. 같은 종류라도 사냥한 시간이나 장소에 따라 맛이 크게 달라진다.

특히 야생조류는 겨울철에 가장 맛이 좋으며 그 외의 철에 잡은 것은 살이 없고 맛도 없다. Quail(메추리), Pheasant(꿩) 등이 여기에 속한다.

Roast Stuffed Quail Parmentière

Saute한 Foie Gras와 Truffle로 채운 Quail을 반으로 잘라 Scooped하여 기름으로 지진 감자 위에 놓고 버섯과 Madeira Sauce를 얹은 메추리 요리이다.

4. Entrée(앙트레) Sauce

Sauce의 어원은 라틴어의 소금을 뜻하는 'Sal'에서 유래되었다. 일반적으로 요리에 끼얹어 내는 것으로 요리의 풍미를 더해주고 요리의 맛과 외형, 그리고 수분을 보완해 주어 요리를 한층 돋보이게 하는 중요한 역할을 한다.

Sauce는 오랜 경험을 쌓은 요리사들에 의해 만들어지며 실제로 Sauce의 맛에 따라 훌륭한 요리사로 평가되기도 한다. 소스는 훌륭한 요리의 기본적인 요소로서 본음식과 조화된 맛을 지녀야 하며 일반적으로 푹 고아낸 고기 국물에 버터, 포도주, 크림, 달걀 노른자 등의 재료로 만들어진다.

프랑스 요리의 특징은 이 소스에서 비롯되며 수백여 종류의 와인과 리큐어 등을 사용하여 파생되는 소스의 종류는 헤아릴 수 없이 많다.

가. Entrée Sauce의 특성

- Sauce는 만드는 재료와 방법이 매우 다양하며 그에 따라 맛이나 질감, 외관 등이 각기 다른 개성을 지닌다.
- Sauce의 향신료 냄새가 요리 자체의 맛을 느낄 수 없을 정도여서는 안되며 농도가 너무 묽어지면 요리의 원래 맛을 떨어뜨릴 수 있으므로 유의하여 만든다.
- Sauce는 뜨겁게 나오며 부드러운 감촉과 맛 그리고 농밀함이 느껴지도록 하는 것이 중요하다.

나. Sauce와 Entrée의 조화

- 재료가 단순한 요리에는 영양이 풍부한 Sauce가 어울리며, 색상이 단순한 좋은 요리에는 화려한 색상의 Sauce로 보완한다.
- 맛이 순한 요리에는 맛이 강한 Sauce가 어울리며, 수분이 적은 요리에는 수분이 많아 부드럽고 묽은 Sauce가 어울린다.
- 갈색의 Sauce는 Red Meat류, 흰색 또는 노란색의 Sauce는 White Meat, 생선, 야채요리와 잘 어울린다.

육류별 어울리는 소스

- Pork : Pineapple Sauce
- Lamb : Mint Jelly Sauce
- Duck : Orange Sauce

다. Sauce의 종류

색에 의한 분류	기본모체 Sauce	제 조	파생소스
Brown Sauce	Demi-Glace (데미글라스)	갈색루(Roux), 마데이라 와인, 마늘, 후추, 월계수잎을 넣고 절반으로 줄 때까지 졸임	Bordelaise(보르드레즈) Madeira(마데이라) Zingara(징가라) Bigarade(비가라드)
White Sauce	Béchamel (베샤멜)	육수에 Roux, 우유 또는 크림, 월계수잎 등을 넣고 졸임	Mornay(모르네이) Nantua(낭투아)
Blond Sauce	Velouté (벨루테)	흰 육수에 백색 루(Roux)를 넣고 졸임	Bercy(베르시), Riche(리슈), Chivry(시브리)
Yellow Sauce	Hollandaise (홀랜다이즈)	달걀 노른자에 버터와 레몬즙을 중탕으로 조리	Béarnaise(베어네이즈) Mousseline(무슬린)
Tomato Sauce	Tomato	토마토, 향신료, 육수 등을 넣고 졸임	Barbecue, Meat Sauce, Provencale(프로방살)

라. Special Sauce

1) Au Jus Sauce(오주 소스)

고기를 Roast할 때 자연적으로 흘러내리는 맑은 육즙의 Sauce이다. 여기서 육즙은 스테이크를 자를 때 나오는 핑크색의 즙을 말하는데 이는 피가 아니고 고기가 열을 받을 때 나오는 엑기스이며 스테이크 고유한 맛의 원천이다.

2) Tartar Sauce(타르타르 소스)

마요네즈에 달걀 노른자, 양파, 골파, 파슬리 등을 넣고 만든 Sauce이며 주로 갑각류에 함께 나오는 Cold Sauce이다.

마. Table Sauce의 종류

Instant 용도의 차가운 Sauce이며, 일반적으로 뜨거운 음식 위에는 직접 끼얹지 않고 한쪽에 놓고 찍어 먹는다.

Sauce의 종류	Color	요리와의 조화
Horseradish Sauce	White	Roast Beef
Worcestershire Sauce	Brown	Beef Steak
A1 Sauce	Brown	Beef Steak
Mustard Sauce	Blond	Veal, Sausage
Hot Sauce	Red	생선, 야채 요리

5. Entrée(앙트레)에 사용되는 Starch

Entrée에 제공되는 Starch는 곡물, 감자 등 탄수화물을 함유하고 있는 음식을 말한다.

가. Potato류

- Baked Potato : 감자의 껍질을 벗기지 않고 통째로 구워서 Butter, Sour Cream, Green Onion, Bacon 등과 함께 먹는 요리
- Mashed Potato : 찐 감자의 껍질을 벗겨 으깬 뒤 Butter, 우유, Cream 등을 넣고 섞은 요리
- Parisienne Potato : 감자를 작은 Ball 모양으로 잘라 버터에 노랗게 구운 것
- Château Potato : 감자를 장방형, 혹은 원통형으로 만들어 버터에 노랗게 구운 것
- Hashed Potato : 감자를 가늘게 채 썰어 소금, 후추로 간하여 버터로 노랗게 구운 것
- Anna Potato : 감자를 동그란 Ball 모양으로 만들어 버터 바른 Mould에 넣고 구운 것
- Duchesse Potato : 감자를 삶아 으깬 뒤 달걀 노른자, 버터를 넣고 작은 케이크 모양으로 만들어 구운 것

- Berny Potato : 감자를 삶아 으깬 뒤 모양으로 잘라 기름에 튀겨서 Almond를 뿌린 것
- Lyonnaise Potato : 잘게 잘라서 양파와 함께 버터를 넣고 볶은 것
- Macaire Potato : 감자를 구워서 잘 으깨어 Butter를 넣고 섞은 다음 Pan Cake와 같이 작은 Pan에 볶은 것

나. Rice류

- Risi e Bisi : Fat Rice에 Fresh Green Pea를 넣고 육수로 밥을 지은 것
- Rice Pilaw : Long Grain 쌀에 잘게 썬 양파, 옥수수, 버터를 넣고 육수로 밥을 지은 것
- Saffron Rice : Rice Pilaw에 Saffron 착색 향료를 넣어 노란색이 나게 함
- Wild Rice : 야생 쌀에 육수를 넣어 밥을 지은 것으로 갈색이 남
- Rice Créole : 육수로 지은 밥에 버섯, 피망, 토마토 속을 넣고 볶은 후 크로켓 형태로 만든 것
- Rice Croquette : 이탈리아 쌀을 달걀 노른자, 파르메산 치즈, 버터와 혼합한 다음 냉각하여 크로켓 모양으로 만들어 달걀과 빵가루에 묻혀 기름에 튀긴 것
- Fried Rice : 쌀밥에 달걀, 양파, 고기류, Ham, Soy Sauce 등을 넣고 기름에 볶은 것

다. Pasta류

- Gratin : 표면에 Cheese나 빵가루를 뿌려 갈색으로 굽는 요리방법
- Noodle Gratin : 국수에 Mornay Sauce를 혼합하여 치즈를 뿌린 후 오븐에서 갈색으로 구운 것
- Spinach Noodle : 시금치로 색을 낸 연두색 Noodle
- Egg Noodle : 달걀을 넣고 가늘게 만든 국수
- Macaroni : 속이 빈 대롱같이 생긴 국수

- Tortellini : 작은 초승달 모양으로, 잘게 다진 고기류와 파르메산 치즈를 섞어 속을 채운 Pasta
- Ravioli : 베개 모양으로, 시금치, Meat, 치즈 등으로 속을 채운 Pasta
- Lasagna : 넓적하게 만든 국수에 토마토, 치즈 Sauce를 층층으로 얹어 Oven에 구운 것
- Canelloni : Meat로 속을 채우고 토마토, 치즈 Sauce를 곁들여 Oven에 구운 것
- Ruote : 차바퀴 모양으로 만든 국수

6. Entrée(앙트레)에 사용되는 야채

Entrée에 곁들여 제공되는 더운 야채를 의미하며, 조리 시 풍미나 향이 훼손되지 않아야 한다.

가. 채소류

Zucchini, Asparagus, Globe Artichoke, Green Pea, Brussels Sprouts, Broccoli, Cauliflower, Pak Choi 등이 있다.

나. Mushroom류

Morel(모렐), Chanterelle(샹트렐), Truffle 등이 있다.

○ Main Dish Menu의 예

Course	Menu
Entrée	• Roast Beef Rib-Eye with Béarnaise Sauce • Roast Beef Sirloin with Green Pepper Corn Sauce • Grilled Cornish Game Hen with Devil Sauce • Hot Spicy Chicken Chinese Style • Trout Fillet Stuffed with Sea Scallop, Champagne Sauce • Poached Trout with White Wine Sauce • Veal Loin with Madeira Sauce • Halibut Fillet with Nantua Sauce • Salmon Parcels with Shrimp and Crab • Chicken Thigh with Black Bean Sauce • Grilled Salmon with Lemon Butter Sauce • Turbot and Crab Meat with Wine Sauce • Prawn with Saffron Sauce • Lamb Noisette with Provencale Sauce • Minced Veal with White Cream Sauce • Chicken Breast Cordon Bleu • Grilled Salmon with Herb Sauce • Seabass Fillet with Citrus Sauce • Cornish Game Hen with Mango Sauce • Chicken Jambonnette with Red Currant Sauce • Chicken Maryland with Demi-Glace Sauce • Seafood Navarin with Saffron Sauce
Starch	• Berny Potatoes • Château Potatoes • Duchess Potatoes • Hash Brown Potatoes • Lyonnaise Potatoes • Red Skin Potatoes with Parsley • Boiled Potatoes • Buttered Green Noodles • Pommes Williams • Potato Gratin • Oven-Roast Potatoes • Croquette Potatoes • Anna Potatoes • Amandine Potatoes • Fondant Potatoes
Vegetables	• Grilled Cherry Tomatoes • Broccoli au Gratin • Mushroom Spinach • Brussels Sprouts • Mushroom in Tomato Cup • Green Beans with Hazelnut Flakes • Fresh Asparagus in Butter • Red Pepper Mousse in Zucchini • Sauteed Mushrooms • Glazed Carrots

Menu 표기법

Stir-Fried		Chicken		with Sweet & Sour Sauce
조리법	+	주재료	+	소스명

■ 생선요리

- 생선살은 부서지기 쉬우므로 왼쪽부터 한입 크기씩 잘라 먹는다.
- 입속에 남은 뼈는 Fork를 입 언저리에 대고 뱉은 후 접시 가장자리에 모아 놓는다.
- 생선은 뒤집지 않고 먹으며, 위의 살을 먼저 먹고 뼈를 발라 낸 다음 아랫부분을 먹는다.
- 지느러미가 있는 경우 먼저 잘라내어 접시 윗부분에 옮겨 놓고 다 먹고 난 후, 접시에 남은 뼈, 껍질, 머리 등을 정리한다.

■ 새우요리

- Fork로 머리 부분을 고정시키고 Knife를 새우의 살과 껍질 사이에 넣어 살을 벗겨내듯 하여 꼬리 쪽으로 나이프를 옮겨간다.
- 어패류 요리의 비린내를 감소시키기 위해 나오는 레몬은 즙이 튀지 않도록 한 손으로 가리고 어패류 위에 짜며, 둥글고 얇게 자른 레몬은 요리 위에 올려놓고 가볍게 누른다.

■ Lobster요리

- 집게발이 있는 바닷가재의 경우, 집게발을 손으로 잡고 전용 집게를 이용, 전용 Fork로 속의 살을 꺼내어 먹는다.

■ 육류요리

- 먼저 잘게 썰어놓고 먹을 경우, 맛도 떨어지고 보기에도 좋지 않으므로, 왼쪽 끝부터 한입 크기로 잘라가며 먹는다.
- 곁들인 Starch, Vegetable은 장식이 아니므로 교대로 먹는다.
- T-Bone Steak, 뼈 있는 Chicken의 경우, 뼈는 먼저 발라내야 먹기 편하다.
- Roast Chicken의 닭다리 끝이 종이로 싸여 있으면 "손으로 잡고 드세요"라는 뜻으로 생각해도 무방하지만, 편한 자리일 경우에만 해당되며 원칙적으로 손으로 잡고 먹는 행동은 좋지 않다.
- 꼬치요리(Brochette)는 Fork를 이용하여 꼬치를 뺀 후에 먹는다.
- Sauce가 있는 경우 Sauce를 제공받은 후에 먹기 시작한다.
- Sauce는 많이 묻혀야 맛이 있으며 본 요리의 1/3 정도 끼얹어 먹는다.
- Ready Made된 Sauce(Horseradish, Mustard 등)는 Cold Sauce이므로 고기에 직접 바르지 않도록 한다.

제5절 Dessert : Cheese

> 치즈의 프랑스어인 Fromage(프로마쥬)는 치즈의 제조과정에서 버들가지 바구니에 넣어 건조시키는 데서 유래한 그리스어의 Formos(포르모스)에서 나왔다.
> 고대 그리스의 상인들은 사막을 왕래할 때 갈증을 해소할 방법으로 소 위로 만든 주머니에 우유를 넣고 다녔다고 한다. 어느 날 주머니를 열어보니 우유는 응고되어 덩어리로 변해 있었다. 호기심에 먹어 보니 새콤하고 감칠맛이 나서 이후로 계속 먹게 되었으며 이것이 Cheese의 유래로 전해지고 있다.
> 서양에서는 '치즈가 없는 디저트는 한쪽 눈이 없는 미녀와 같다'는 이야기가 전해진다.

1. Cheese의 특성

Dessert는 식사가 끝난 후 입안을 감미롭게 하기 위해 달고 향기가 있는 재료들로 만들어지는 것이 대부분이지만, 치즈의 강한 향기와 맛을 즐기는 사람들도 있다. 즉 프랑스에서는 Dinner에 반드시 치즈를 먹는 습관이 있는데, 치즈는 샐러드와 디저트 사이에 먹는다.

Cheese는 영양이 풍부하고 독특한 풍미로 우리나라 식탁의 김치처럼 서양의 식탁에 있어서도 빠지지 않을 만큼 애호식품이다.

주로 우유나 양, 산양 젖의 단백질에 있는 유산균이나 효소의 작용에 의해 응고현상이 일어난 것을 발효, 가열, 숙성, 압착의 과정을 거쳐서 만든 식품이다. 단백질의 원천이고 지방, 칼슘 등을 함유한 고영양식품이며 소화도 잘되는 Dessert 식품이다.

치즈는 만드는 방법, 생산지, 숙성 정도 등에 따라 각 Cheese마다 맛과 향이 다르며 각기 고유의 특색을 지니고 있다.

2. Cheese의 제조과정

가. 응고과정

응유소 또는 유즙효소를 첨가하여 우유를 응고시킨다.

나. 유장분리

응고과정에서 얻어진 덩어리(커드)로부터 유장의 분리 및 제거를 위하여 여러 공정을 거친다.

유장
젖에서 지방과 단백질을 빼고 남은 성분

다. 성형과정

커드를 작은 구멍이 뚫린 틀에 붓거나, 상황에 따라 천을 이용한 성형을 압착하기도 한다. 연질 Cheese는 압착하지 않으며 숙성은 1개월 이내로 빨리 끝낸다.

라. 간들이기

다음 단계인 숙성과정의 조절과 맛을 높이기 위해 치즈에 소금을 뿌리거나 소금물에 담근다.

마. 숙성과정

치즈는 온도 조절이 가능한 지하 창고에 옮겨진 후 적정한 숙성기간 동안 저장된다. 이 기간 동안 치즈를 규칙적으로 뒤집어주며, 경우에 따라 닦거나 솔질해 주기도 한다.

3. Cheese의 분류

가. 제조상태에 따른 분류

1) 생치즈(Natural Cheese)

저온 살균을 거친 소젖으로부터 만들어지며 발효나 숙성을 거치지 않은 치즈이다. 특이한 맛과 향을 더해주기 위해 향초나 마늘, 후추 등의 향신료나 호두 등을 첨가하는 경우도 많다.

치즈의 내부는 흰 빛을 띠며 크림 성분이 강하거나 응집력이 없이 부스러지는 형태이다. 차게 냉장 보관하며 빵 위에 발라 먹거나 신선한 상태로 차게 먹는다. 맥주, 백포도주, 가벼운 적포도주와 매우 잘 어울린다.

- Boursin, Rambol 등

2) 가공치즈(Process Cheese)

가공치즈는 먼저 Natural Cheese에서 만들어진다. 즉 종류나 숙성도가 다른—천연 발효 숙성시킨—자연 Cheese들을 배합, 인공화합물을 첨가하여 장기간 보관이 가능토록 가열 살균하여 숙성되지 않도록 가공한 치즈이다.

가공치즈는 크기가 아주 큰 압착형의 치즈를 가공하여 만들며 때로는 우유, 크림, 버터 또는 여러 향신료를 첨가하기도 한다. 주로 Cheddar, Emmental 등을 배합용으로 많이 사용한다.

색깔이 아주 밝고 맛이 부드러운 크림 타입이며 오래 보관할 수 있다. Apéritif에 잘 어울리며 가벼운 적포도주나 백포도주, 샴페인과의 어울림도 매우 좋다. 빵이나 크래커 위에 얹어 먹거나 그대로 먹기도 한다.

나. 강도에 따른 분류

1) 연질치즈(Soft Cheese)

수분함량이 55~70%이므로 습기 있는 곳에 보관하나 제품의 저장성이 낮으므로 단시일 내에 먹는 것이 좋다.

저온 살균을 거친 우유를 주로 사용하며 3~6주 정도의 숙성기간을 거쳐 만들어진다. 특이한 맛과 향을 더해주기 위해 향초나 마늘, 후추 등의 향신료나 호두 등을 첨가하는 경우도 많다.

치즈 내면의 살은 거의 희고 크림 형태에 가까우며, 치즈 외부의 껍질은 희고 부드러운 식용의 껍질로 덮여 있다.

차게 냉장 보관 후 먹기 한 시간 전에 미리 꺼내 두어 실온으로 먹는 것이 좋다. 빵 위에 얹어 먹기도 하며 특히 식후에 적포도주와 먹으면 매우 잘 어울린다.

- Brie, Camembert 등

2) 반경질치즈(Semi-Hard Cheese)

45~55% 내외로 수분함량이 적고 경질치즈보다 숙성기간이 길며 오랜 시간 저장이 가능하다.

- Gruyere, Cheddar 등

3) 경질치즈(Hard Cheese)

수분함량이 30~45% 내외이다. 세균에 의한 숙성치즈로 제조과정에서 응유를 끓여 익힌 후 세균을 첨가한다. 단단하여 운반과 저장이 용이하다.

- Edam, Gouda, Emmental 등

수분 함량	Type
55~70%	연질 Cheese
45~55%	반경질(반연질) Cheese
30~45%	경질 Cheese
25~30%	초경질 Cheese

다. 성질에 따른 분류 : 블루치즈(Blue Cheese)

블루치즈는 치즈 살이 푸릇푸릇하게 보이는 색깔에서 그 이름이 비롯되었다. 기름기가 많고 밝은색을 띤 단단한 치즈 살 위로 푸릇푸릇한 초록빛의 특징 있는 대리석 모양의 푸른 반점들을 볼 수 있으며 적당히 기름진 부드러운 촉감을 띤다.

치즈의 향이 코를 찌르듯 매우 강하지만 역하지 않은 개성 있는 Cheese이다. 양의 젖으로 만들어지는 Roquefort(로크포르)를 제외하고는 대부분이 소의 젖으로 만들어지는 천연 발효 숙성치즈이다. Cow's Milk로 만든 반경질 Cheese로 발효할 때 곰팡이에 의해 숙성된다.

유럽 전역에서 만들어지는 푸른색 곰팡이 Cheese를 Blue Cheese라 부른다. 덴마크에서 만든 Blue Cheese가 많이 알려져 있으며 'Danish Blue'라고도 한다.

식후에 먹는 것이 좋으며 빵 위에 얹어 먹기도 하며 적포도주와도 잘 어울리나 스위트한 백포도주와는 더욱 조화를 이룬다.

- Blue Cheese, Roquefort, Stilton, Gorgonzola 등

4. 생산지별 Cheese의 종류

Cheese의 이름은 일정한 규칙에 의해 정해지는 것은 아니며 보통 생산지명, 수도원명, Cheese의 외관, 특성에 따라 이름이 붙여지게 된다.

생산국	Cheese명	맛과 향	Type	특징
프랑스	Camembert (카망베르)	Mild하고 부드러운 맛	연질	• 프랑스 Normandy 지방의 중심부인 Camembert 마을에서 17C 말에 처음 만들었고, 약간의 Cream을 첨가한 우유로 만들어진다. • 내부는 노란빛의 Cream색이며 외부는 단백질의 흰 곰팡이로 덮여 있다. • 크기는 직경 10cm 두께 3cm가 표준이다. • 숙성은 13도 전후에서 약 3주간 실시한다. • 한 번 자르면 변하기 쉬우므로 될 수 있는 대로 빠른 시일 내에 먹는 것이 좋다. • Cracker에 발라 먹거나 오믈렛이나 크레이프에 채워 요리하기도 한다.

생산국	Cheese명	맛과 향	Type	특징
프랑스	Roquefort (로크포르)	짜릿한 냄새와 자극성이 심한 맛	반경질	• 프랑스 동남부 'Roquefort'라는 마을에서 만들기 시작했으며 이 마을은 치즈 숙성에 적당한 자연동굴(온도 5~8도, 습도 95%)을 이용하는 것으로도 유명하다. • 푸른곰팡이에 의해 숙성되는 반경질 Cheese로 Roquefort 지방의 양젖으로 만들어지는 것만 'Roquefort'라 부르고, 프랑스의 다른 지방에서 나오는 푸른곰팡이 Cheese는 Blue Cheese라고 부른다.
	Brie (브리)	부드러운 맛	연질	• 프랑스가 원산지로서 표면에 생육한 흰곰팡이에 의해 숙성된 연질 Cheese이다. • 평평한 원판모양으로 직경 40cm, 두께 3cm 정도의 대형, 소형이 있다. • 3~4주간 숙성된다. • 살균하지 않은 우유로 만들어 숙성기간이 짧아 변질되기 쉬우므로 수출이 어려우나 살균한 우유로 만들어 수출하기도 한다. • 외부는 붉은빛이 나는 흰곰팡이가 덮여 있다. • Camembert와 비슷하나 맛이 더 강하다.
	Port du Salut (포르 뒤 살뤼)	진하고 섬세한 맛	반경질	• 9세기 후반 프랑스의 'Port du Salut' 수도원에서 처음 만들어진 반경질 Cheese이다. • 직경 25cm, 두께 5cm 정도의 원판형이 일반적이다. • 황색 치즈로 내부는 진한 Cream색으로 결이 섬세하고 탄력이 있으며 독특한 맛이 난다.
	Boursin (부르생)	Creamy하고 독특한 향내	연질	• Garlic, Parsley를 함유하거나 Black Pepper를 묻히기도 한다. • 70% 정도의 지방을 함유하고 있다.
스위스	Emmental (에멘탈)	약간 Sweet한 호두맛	경질	• 스위스의 대표적인 Cheese로 유명하며 'Swiss Cheese'로 불린다. • 탄력이 있는 조직과 숙성이 진행되면서 가스구멍인 Emmental 특유의 'Cheese Eye'가 많이 형성된다. • 52~54도의 고온에서 가열하고 발효 시 생기는 탄산가스로 인해 특유의 풍미가 있다. • 1단계로 21~23도에서 5~8주간 숙성시키면

생산국	Cheese명	맛과 향	Type	특징
스위스				서 'Cheese Eye'를 형성하고, 2단계로 7~11도에서 8~9개월간 오래 숙성시킨다.
	Gruyere (그뤼에르)	Emmental 보다 약간 맛이 강함	경질	• 스위스 'Gruyere'란 지방에서 200년 전부터 만들기 시작한 경질 Cheese이다. • Emmental과 같은 종류의 치즈이나 더 진한 풍미를 갖고 있으며 Gas Hole-Cheese Eye가 훨씬 작다. • 6~12개월가량 숙성시키며 각종 요리에 많이 이용되고 있다.
이탈리아	Gorgonzola (고르곤졸라)	자극성이 강한 독특한 향	반경질	• 청록색 결이 퍼져 있는 이탈리아의 대표적인 녹색빛이 강한 푸른곰팡이 Cheese이다. • Gorgonzola는 Milano 근교의 마을 이름이다. • 모양은 평평한 원통형으로 Blue Cheese와 같이 10~15cm 높이의 삼각형으로 잘라 나눠진 모양이 많다.
	Bel Paese (벨 파에제)	달고 부드러운 맛과 과일향	연질	• 이탈리아어로 '아름다운 나라'라는 의미를 갖는 Cheese의 상품명으로 감미롭고 온화한 맛과 독특하고 부드러운 맛을 느낄 수 있다. • 숙성이 빠른 Table Cheese이다. • 인기가 있어 동종의 Cheese가 많이 만들어지며 'Butter Cheese' 등으로 불린다.
	Parmesan (파르메산)	고소하고 약간 짠맛	초경질	• 주로 분말로 만들어 사용하며, Salad, Spaghetti에 많이 사용된다.
네덜란드	Edam (에담)	약간 짠맛이나 부드러운 맛	경질	• 네덜란드에서 만드는 Cheese 중 가장 널리 알려져 있으며, Cow's Milk로 만든다. • 발효 도중 Linseed Oil(아마인 기름)로 Coating하여 더 발효하는 것을 막는다. • 지방 40%의 저지방인데도 진한 풍미를 지님 • 수출용에는 붉은 파라핀 왁스를 입혀 빨간 표피로 덮여 있어 '빨간 공'이라 불린다.
	Gouda (고다)	Edam보다 Mild한 맛	경질	• 네덜란드가 원산지이며 경질 Cheese이다. • 작은 발효 가스 구멍이 있는 것이 특징이다. • 제조법과 모양은 Edam과 거의 비슷하며 더 많은 지방과 짙은 색깔, 진한 풍미를 지닌다. • 직경 3cm 정도로 작게 만든 것은 Baby Gouda라 한다.

생산국	Cheese명	맛과 향	Type	특징
영국	Chedder (체더)	약간 신맛, 부드러운 맛	경질	• 누구나 좋아하는 부담 없는 맛으로 흰색, 노란색이 있다.
	Stilton (스틸턴)	단맛	반경질	• 영국의 Stilton 지방에서 만들어지는 반경질의 감미로운 푸른색 곰팡이 Cheese이다. • 지방이 많고 양질의 Cow's Milk가 주원료이며 숙성기간이 길다. • Sherry Wine과 잘 어울린다. • 청록색의 결이 안쪽에서 바깥쪽으로 뻗쳐 있다. 외부는 멜론 껍질 모양처럼 곰팡이로 덮여 있으며 내부는 회색, 푸른색의 곰팡이로 줄이 쳐져 있다.

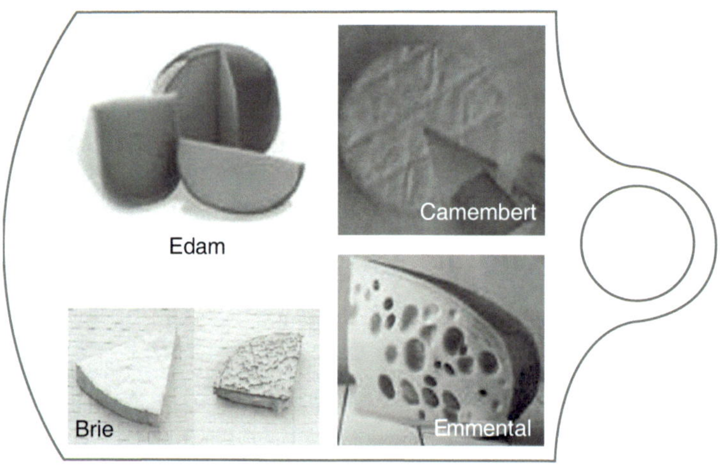

5. Cheese 보관방법

가. 냉장 보관한다

Cheese는 온도가 높은 곳에 두면 곰팡이가 발생하여 풍미가 떨어진다. 그러나 Cheese에 함유된 수분이 얼어버릴 정도로 냉동 보관하면 부서지게 되므로 Cheese가 얼지 않도록 유의해야 한다.

나. 특유의 수분함량을 유지시켜야 하므로 건조되지 않게 한다

Cheese의 잘린 부분이 건조해지면 딱딱하게 변질되므로 잘 감싸서 공기가 닿지 않게 보관한다.

다. 물방울이 생기지 않게 한다

Cheese는 냉장 보관하더라도 온도가 자주 변하거나 습도가 일정치 않을 경우 외관에 물방울이 생겨서 곰팡이가 발생할 위험이 있으므로 물기가 닿지 않도록 유의해야 한다.

6. Cheese 먹는 방법

- Cheese는 단맛의 요리가 나오기 전에 먹는다.
- 대부분의 Cheese는 실온으로 먹어야 그 향과 맛을 제대로 즐길 수 있다. 냉장 보관한 Cheese는 먹기 한 시간 전에 미리 꺼내어 두는 것이 좋으며, 생치즈일 경우 차게 먹는 것이 좋다.
- 숙성된 Natural Cheese는 작은 조각으로 잘라서 소량으로 즐긴다.
- Natural Cheese는 제조 시 오랜 숙성기간을 거치게 되므로 작은 조각으로 잘라 최대한 Cheese의 내면이 공기와 접촉하여 맛과 향이 살아나도록 한다.
- Cheese는 각 종류마다 맛과 향이 독특하므로 자를 때는 Knife를 각각 따로 사용하여 서로의 맛과 향이 섞이지 않도록 해야 한다.

- Cheese는 Wine과 절대적 조화를 이루는 좋은 식품으로서 좋아하는 Wine에 Cheese를 선택하는 것도 좋은 방법이다.
- Cheese에 잘 어울리는 빵으로는 Dark Rye Crispbread, Light Rye Crispbread, Matzos, Pumpernickel, Grissini, Pretzels 등이 있다.

제6절 Dessert : Fruits

1. Fruits의 특성

식탁에 있어서 과일은 풍성함과 신선함을 주며, 또한 Dessert Course의 화려함을 느끼게 해준다. 과일은 식물 중에서 씨를 가진 것으로 80~89%의 수분을 함유한 야채와 비슷한 성분을 가지고 있다.

대부분 단맛과 향을 가지고 있으므로 생으로 먹는 것이 보통이다. 싱싱한 과일은 Salad에도 쓰이고 Appetizer, Garnish, Sweet Dessert 등의 조리재료로 많이 쓰인다.

2. Fruits의 종류

과일명	영어	과일명	영어
배	Pear	귤	Tangerine
감	Persimmon	귤(밀감)	Mandarin
자두	Plum	오얏(말린 것)	Prune
복숭아	Peach	살구	Apricot
천도복숭아	Nectarine	자몽	Grapefruit
수박	Watermelon	멜론	Honeydew
사과	Apple		Musk Melon
딸기	Strawberry		Cantaloupe
포도	Grape		

Melon의 종류

Honeydew	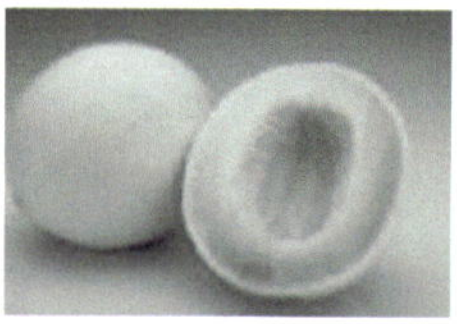	미국 California에서 생산되는 매끄럽고 크림색이 나는 Melon이다.
Musk Melon	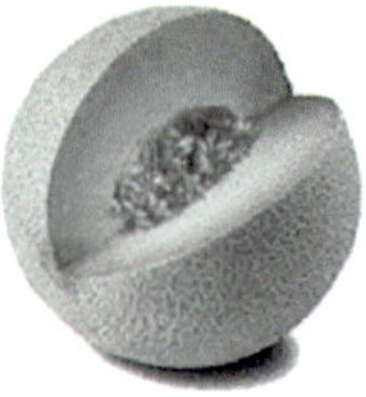	껍질에 거미줄같이 줄이 그려져 있는 Melon이다.
Cantaloupe		대표적인 미국산 Melon으로 겉은 Musk Melon과 비슷하고 속의 과육은 오렌지색이다.

열대과일의 종류

Watermelon, Coconut, Durian, Guava, Pomelo, Rambutan, Lime, Litch, Mango, Mangosteen, Papaya 등

제7절 Dessert : Sweet Dish

> Dessert는 프랑스어 'Desservir'에서 유래된 용어로 '치우다, 정리하다'의 뜻이다. 서양정식에서 디저트를 제공하기 전에 글라스류와 디저트용 기물을 제외하고는 테이블 위의 모든 것을 치우게 되는데, 이 과정을 디저트 코스라고 하여, 영국이나 미국에서는 젤리, 푸딩, 케이크, 아이스크림, 과일 등을 낸다.
> '좋은 식사가 끝난 뒤 먹는 과자는 아름다운 불꽃놀이와 같다'는 말이 있듯이 Dessert는 식사의 마지막 Course로 빠져서는 안될 부분으로서, 식사의 화려한 분위기를 최종적으로 연출해 주는 역할을 한다. 서양요리에 있어서 '요리의 시'라 불린다.

1. Sweet Dish의 특성

서양요리에 있어서 Dessert는 후식과 간식을 겸하며, 그 종류만큼이나 맛과 향취 또한 다양하다. Dessert는 Cheese, Fruits, Sweet Dish를 모두 포함하나, 일반적으로 Sweet Dish가 Dessert로 불린다. 디저트는 시각적인 측면이 고려되어 색깔, 장식 등이 섬세하게 만들어진 요리이며, 요리의 재료나 양이 이전에 제공된 요리와 조화를 이루어야 한다.

프랑스 요리에서 말하는 앙트르메는 디저트용 과자로 원래 정식식사에서 요리 사이에 내는 음식이었으나, 현재는 식사 후의 후식을 의미한다. 'Entremets(앙트르메)'는 이미 끝마친 요리의 맛을 효과적으로 돋우기 위한 것으로 그 종류가 많으며 달걀, 설탕, 우유, 크림, 양주, 과일, 너트, 향료 등을 사용하여 만든다. 뜨거운 것을 Entremets Chaud(앙트르메 쇼)라고 하는데, Soufflé(수플레), Pudding(푸딩) 등이 있고, 찬 것은 Entremets Froid(앙트르메 프루아)라고 하여 냉과(冷菓)와 아이스크림이 있다. 더운 것과 찬 것을 모두 낼 때는 더운 것을 먼저 내고 찬 것을 후에 내는 것이 순서이다.

2. Sweet Dish의 종류

가. Ice Cream

Ice Cream 종류	사용 Ice Cream	Sauce	Garnish
Coupe Saint-Jacques (쿠프생-자크)	Vanilla + Strawberry + Chocolate	Fruit Cocktail Sauce	Whipping Cream, Nuts, Cherry, Lady Finger
Cassata Ice Cream (카사타)	Cake 모양으로 생긴 Cassata Mould의 Ice Cream	Strawberry Sauce	Whipping Cream, Nuts, Cherry, Lady Finger
Crêpe Normande with Vanilla Ice Cream (크레프 노르망디)	Vanilla Ice Cream		Crêpe Normande (사과 크레프)
Ice Cream Ring Monte Carlo (몬테 카를로)	Strawberry Ice Cream Moka, Brandy		Ice Cream 3가지를 Ring 모양으로 만들어 가운데를 각종 과일로 채움
Ice Cream Parfait with Jubilée Sauce	Chocolate Mould에 채운 Vanilla Ice Cream	Cherry Jubilée Sauce	Chocolate Mould의 Cup이 위로 오게 함
Ice Cream Sundae (선디)	Strawberry Ice Cream Moka, Brandy	Chocolate Sauce	Fruits, Whipping Cream, Nuts, Cherry, Lady Finger

Baked Alaska

Meringue(달걀 흰자, 설탕 등으로 만든 Pudding)을 얹어 갈색이 나도록 Oven에 구운 것

Baked Alaska

나. Gâteau(가토)

달걀, 설탕, Butter, 소맥분, 전분, 각종 향료, 과일 등을 사용해 구운 Cake를 말한다.

Gros Gâteau(그로 가토)

Decoration Cake, Wedding Cake는 Gros Gâteau(대형 Cake)에 속한다.

Petit Gâteau(프티 가토)

소형 Cake를 말한다.

다. Pie(Tarte, Flan 타르트, 플랑)

Tarte(타르트)

Biscuit 등을 Pie형으로 만들어 굽고 그 안에 과일을 넣고, 달걀 노른자, 우유, 생크림을 넣어 섞은 것을 얹어 Oven에 구운 것이다.

Flan(플랑)

재료, 만드는 방법이 Tarte와 같으나 겉껍질이 Tarte보다 높고 원판형이다. 과일 외에 Cream을 안에 넣은 것도 있다.

라. Jelly

젤라틴에 설탕, 달걀 흰자 등을 혼합하여 모양을 만들고 차게 굳힌 것으로 Wine 혹은 Liquor, Sherry, 과일 등을 넣어 만든다.

마. Pudding

밀가루에 과일, 우유, 달걀 등을 넣고 향료와 설탕을 넣어 구워서 만든 것으로 식후에 먹는 말랑말랑한 Cake의 일종을 말한다. 달걀, 우유, 버터, 소맥분, Caramel을 섞어 만든 Custard Pudding은 차게 제공된다. 과일 또는 양주, 생크림을 넣어 만들기도 한다.

바. Mousse

Mousse는 프랑스어로 '거품'이라는 의미로 재료를 갈아 거품 있게 한 다음 크림을 넣어 부드러운 느낌으로 만든 모든 요리에 붙인 이름이다. Dessert 요리에 있어서 Mousse는 달걀, 설탕, 우유를 적당히 끓여 거품을 낸 다음, 차게 하여 향료, 양주 등을 첨가하여 용기에 담아 얼려 굳힌 것으로 각종 과일을 갈아서 넣은 것도 있다.

사. Sherbet

Sherbet은 과즙, 향료, 양주, 설탕 등을 섞어 냉동해서 얼린 것으로 담백하고 시원한 맛이 특징이다.

아. Petits Fours(**프티푸르**)

한입에 먹기 좋게 만든 작은 케이크로 장식과 다양한 색상으로 매우 화려하게 만든 것이 특징이다.

자. Fruits Froids(**프뤼프루아**)

과일을 사용한 냉과로 Pineapple, Sherry, Peach, Strawberry, Apple, Pear, Melon, Orange 등에 향료, 설탕, 안주 등을 넣어 차게 하거나 얼린 것으로, 위에 생크림을 얹기도 하고 Ice Cream과 함께 제공된다.

차. Savory(**세이버리**)

Dessert Course에 제공되는 가벼운 음식을 통틀어 일컫는 말로 Cheese Custard, Cheese Soufflé(수플레), Cheese Straw(스트로) 등이 있다.

Peach Melba

Fruits Froids의 Menu로 유명하다. Vanilla향을 넣은 Syrup으로 복숭아를 조린 다음 Sherry가 들어간 Cream을 위에서 부어 만든다.

Soufflé(수플레)

달걀 흰자 위에 우유를 섞어 거품을 일게 하여 구워 만든 디저트용 음식

■ Cheese
Fork와 Knife를 이용하며, 버터를 바른 빵에 올려놓아 먹을 때는 손으로 먹는다.
풍미가 약→강한 순으로, 풍미가 섞이지 않도록 하나씩 먹는다.

■ Cake
Fork나 Knife를 이용, 모양이 상하지 않도록 조심스럽게 잘라 먹으며, 삼각일 경우 예각부터 잘라 먹는다.

■ Fruits
과일이 서비스될 경우 Finger Bowl이 따라 나오게 되며, 이때 반드시 한쪽 손만을 씻고, 다 씻고 나면 Napkin을 Bowl 가까이 하여 물기를 닦는다.
바나나는 Knife로 칼집을 내어 윗부분의 껍질을 벗긴 후 좌측부터 한입 크기로 잘라 먹는다.
Melon은 초승달처럼 잘라 나올 경우 좌측부터 한입 크기로 잘라 먹는다.
사과는 통째로 나올 경우 이등분하고, 다시 네 등분하여 한 조각의 속을 제거한 후 사과의 안쪽에 Fork로 꽂아 Knife로 껍질을 벗겨 먹는다.
포도, 체리, 딸기는 손으로 집어 먹으며, 씨나 껍질은 입 가까이 손을 대고 그 안에 뱉도록 한다.

■ 아이스크림 & 셔벗
입안이 차가워지는 것을 막기 위해서 곁들여진 웨이퍼(Wafer)와 교대로 먹되, 웨이퍼를 스푼 대용으로 사용해서는 안되며 아이스크림과 번갈아 먹는다.

Breakfast 메뉴

03

제1절 Breakfast Menu의 종류

> 영국의 'Breakfast'는 '깨다(Break)'와 '단식(Fast)'이란 말이 합쳐져 '긴 밤 동안의 공복을 깬다(단식)'는 뜻이다. 아침식사는 하루 일과 중 가장 먼저 시작하는 일로 아침식사 중의 기분이 하루종일 영향을 미칠 수 있으므로 중요하다.
> 서양의 아침요리는 각 나라의 식문화에 따라 차이가 있다. 예를 들면 영국에서는 아침식사로 생선 Fry와 홍차를, 프랑스에서는 카페오레와 빵을, 그리고 미국에서는 과일주스로 시작하여 Grill 요리까지 먹고 있다.

1. Continental Breakfast

영국을 제외한 유럽식의 조식을 의미하며, 빵과 음료만으로 이루어진 매우 간단한 식사이다. 부족하다 싶으면 감자요리나 달걀, 소시지 등의 일품요리(À La Carte)를 추가하기도 한다.

- A Choice of Juices
- Basket of Baked Goods of Toast
- Coffee or Tea

2. American Breakfast

미국에서 비롯된 아침메뉴로 Continental Breakfast에 비해 가짓수가 많다. 미국에서는 과일주스로 시작하여 Cereal, Breakfast Roll, 혹은 Toast & Jam, Egg 요리, Coffee, Milk 혹은 Tea 등으로 구성되어 있다.

- A Choice of Juices
- Basket of Rolls & Toast
- Cereal, Hot or Cold with Milk
- Coffee or Tea

3. English Breakfast

- Choice of Chilled Juice
- Cereal or Porridge
- Two Eggs any Style with Ham, Bacon, Sausage
- Fillet of Sole Meuniere or Kippered Herring
- Morning Roll or Toast
- Coffee or Tea

제2절 Breakfast Menu의 구성

1. Breakfast Roll

아침 빵은 식사의 개념으로 양껏 먹게 되며 보통 따뜻하게 먹는다.

가. Croissant(크루아상)

프랑스어로는 생긴 모양처럼 '초승달'이란 의미이다. 버터를 섞어 Pie처럼 만든 Crispy한 상태로 따뜻하게 먹는 대표적인 빵이다.

나. Brioche(브리오슈)

달걀과 버터를 많이 넣은 빵으로 둥근 공 모양의 빵 위에 다시 작은 공 모양의 빵을 얹어 놓은 빵이다.

다. Muffin

밀가루, 설탕, 마가린, 소금, 달걀, 우유 등을 반죽하여 홈이 파인 Muffin Pan에 구운 빵이다. 그 외 Danish Roll, Coffee Cake, Butter Flake 등이 아침 빵에 속한다.

2. Fruit Juice

여러 가지 Juice가 있으나 아침에는 주로 Orange, Apple, Grapefruit, Tomato, Apricot Juice 등을 마신다.

3. Fruit

과일은 Breakfast에서는 전채의 의미로 먹으며 Fresh한 Fruit나 Can의 가공된 과일이 있다.

4. Cereal & Yoghurt

가. Cereal

1) Porridge류

Oatmeal, Wheatmeal 등 곡물로 죽처럼 만든 것을 말한다.

2) Dry Cereal

곡물을 튀기거나 가공한 것으로서 우유에 말아 먹으며, 설탕을 첨가하기도 한다. Rice Crispy, Corn Flakes, Coco Puff, Cheerios, Honey Comb, Fruit Loops 등이 있다.

나. Yoghurt

우유에 유산균을 넣어 걸쭉하게 응고시킨 유동식으로서 과일, 향료, 당분 등이 첨가되기도 한다.

5. Main Dish

Breakfast의 Main Dish는 주로 Egg가 사용되며 Egg와 잘 어울리는 Mixed Grill과 Starch, Vegetable이 함께 곁들여진다.

가. Mixed Grill

1) Pork류

Ham, Bacon, Sausage

2) Minute Steak

Rib Loin 또는 Sirloin을 작게 Cutting한 소형 Steak로 빨리 조리할 수 있어서 'Minute'란 말이 붙여졌다.

나. Starch

Hash Brown(Potato), Sweet Potato(고구마)

다. Vegetable

Tomato, Mushroom, Green Pepper

라. Egg Dish

1) Omelette

달걀을 휘저어 얇고 편편하게 익히면서 재료의 혼합물을 넣고 말아서 요리한 형태

2) Scrambled Egg

달걀, 우유, Butter를 넣어 익히면서 휘저어 만든 달걀요리

3) Fried Egg

- Sunny Side Up : 흰자위만 살짝 익히는 것
- Over Easy : 한쪽을 다 익히는 것
- Turned Over : 양쪽을 뒤집어 익히는 것
- Hard Over : 완전히 익히는 것

4) Poached Egg(수란)

식초를 넣은 팔팔 끓는 물에 달걀을 깨서 넣고 4~5분 동안 삶아 건져 낸다.

5) Boiled Egg(삶은 달걀)

- Soft Boiled Egg : 4~5분간 삶아 살짝 익힘
- Medium Boiled Egg(반숙) : 노른자가 반 정도 익을 때까지 6~7분간 삶음
- Hard Boiled Egg(완숙) : 8~9분 동안 삶아 노른자까지 완전히 익힘

레스토랑에서의 Breakfast 서비스 방법

- 아침 메뉴는 주스, 과일과 요구르트, 시리얼, 빵과 달걀요리 그리고 팬케이크의 순으로 제공한다. 과일과 요구르트, 빵과 달걀요리는 같이 서브하는 것이 좋다. 보통 과일을 요구르트에 찍어 먹고 달걀과 토스트를 함께 먹을 때 토스트가 식으면 맛이 없기 때문이다.
- 주문받을 때 Fried Eggs는 굽는 정도를, Boiled Eggs는 삶는 시간을 정확히 물어 실수가 없도록 한다.
- 오믈렛 달걀요리는 Plain Omelet인지 속재료를 달걀 속에 넣고 만들 것인지, 아니면 Plain Omelet에 Ham, Bacon 또는 Sausage를 곁들여 만들 것인지 구분해야 한다.
- 아침식사에서 커피나 홍차는 식사 주문 전에 먼저 제공하여 메뉴를 보는 동안 커피를 즐길 수 있게 하고 식사 중에도 커피를 더 원하는지 물어보고 2~3차례 계속 제공한다.
- 홍차는 뜨거운 물을 Pot에 따로 제공하고, 작은 접시에 Tea Bag 2개와 레몬 두 조각을 Pick에 끼워서 제공한다. 영국 사람들은 레몬 대신 우유를 넣어 마신다.

6. 기타 Breakfast Menu

가. French Toast

일명 'German Toast'라고도 하며 식빵을 2~2.5cm 정도 두께로 잘라 생달걀, 우유, 설탕 등을 혼합한 것에 담갔다가 양면을 노릇노릇하게 익힌 것으로 각종 Syrup, Honey, Jam, Butter 등을 곁들여 먹는다.

나. Pancake

밀가루, 달걀, 우유를 혼합하여 Fry Pan에 얇게 부친 것으로 여러 종류가 있으며

Syrup, Honey, Whipped Butter 등을 곁들여 먹는다.

- Crêpes : 양주나 달걀, 과일 등을 사용하여 얇게 구운 프랑스풍의 Pan Cake
- English Pan Cake : Pancake에 Lemon을 곁들여 만든 것
- Cannelloni(카넬로니) : 이탈리아풍의 Pasta로서 밀가루에 적당히 물을 넣고 반죽한 것을 사각형으로 만들어 고기를 채워 말아서 구운 것
- Crêpes Suzette(크레프 쉬제트) : Pan Cake에 Orange 껍질과 과일을 넣고 Cognac Cointreau, Grand Marnier를 부어 불꽃을 내어 향을 스미게 한 것

다. Waffle

달걀과 우유를 혼합한 것에 밀가루를 부드럽게 풀어 원형의 격자무늬가 있는 틀에 넣어 구운 것으로 Syrup, Honey, Whipped Butter 등을 곁들여 먹는다.

라. 기타

- Smoked Salmon with Cream Cheese and Toasted Bagel
- Hashed Brown Potatoes
- Breakfast Steak

Breakfast Buffet 식사의 Etiquette

찬 것부터 따뜻한 요리 순의 흐름을 알고 진행해야 제대로 음식을 맛볼 수 있으며, 시계 도는 방향으로 진행하는 것이 원칙이다. 대략 한 접시에 찬 것 몇 가지, 따뜻한 것 몇 가지, 단맛 나는 것 몇 가지 등 코스별 순으로 3~5회 정도 움직이며, 접시의 가장자리 안으로 색깔과 양을 맞추어 가며 볼륨 있게 담도록 한다.

먹는 접시는 Waiter가 즉시 가져가나 각자의 Fork, Knife는 빵 접시에 놓고 다닌다.

대체로 American Style이며, Breakfast Buffet 식사 시 대개 다음의 진행순서에 따르는 것이 일반적이다.

- Roll은 빵 접시에 덜어 함께 가져오거나 요리를 일단 내려놓고 별도로 가져와 먹는다.
- Coffee, Juice
- Yoghurt & Cereal
- Cereal은 Spoon으로 우유와 함께 그대로 먹는다.
- Egg Dish
  - Boiled Egg의 경우 Egg는 Stand를 이용, 달걀의 윗부분을 벗겨낸 후 Tea Spoon으로 조금씩 떠서 Salt, Pepper를 뿌려 먹는다.
  - Poached Egg는 Knife, Fork를 이용, 노른자가 흘러내리는 경우 토스트 위에 얹어 토스트와 함께 잘라가며 먹거나 빵으로 노른자를 묻혀 가며 먹는다.
  - Scrambled Egg는 Fork만으로도 충분히 먹을 수 있으며 햄이나 베이컨을 Knife로 잘라 달걀과 교대로 먹는다.
  - Fried Egg는 노른자, 흰자를 섞어 먹되, 왼쪽부터 Knife Fork로 잘라서 흰자위를 먹고 노른자는 Dessert Spoon으로 먹으며, 완전히 익지 않은 달걀요리는 빵으로 노른자를 묻혀 가며 먹거나 햄, 베이컨에 묻혀 먹는다.

Cabin Food & Beverage Service

PART

2

서양음료의 이해

서양의 음료문화

01

제1절 서양의 음료문화

1. 서양의 음료문화

일반적으로 음료라고 하면 알코올을 함유한 음료와 비알코올 음료 모두를 포함하는 말이다. 인간의 신체 구성요소 중 70%가 물이며, 인간은 끊임없이 수분을 보충해야 생명을 유지할 수 있다는 사실만으로도 물과 인간의 상관관계가 얼마나 밀접한지 알 수 있다. 옛날 사람들은 순수한 물만 마시고 살았을 것이나, 문명의 발달로 인하여 점점 여러 가지 음료수를 만들게 되었고 나름대로 다양한 음료를 찾게 되었다.

이러한 음료들은 나라별로 특색 있게 발전되었고, 이를 마시는 습관 또한 다르게 형성되어, 각자의 독특한 음료문화를 가지게 되었다.

서양 음료문화의 특징 중 한 가지는 전통적으로 음료는 음식을 더욱 맛있게 먹기 위하여 마신다는 것이다.

식사가 '밥 먹는' 차원을 넘어 '사교'의 중심이 되고, 음식이 주가 되는 서양에서는 음식을 더욱 맛있게 먹기 위해 음료의 종류가 다르게 선택되는 것이다.

음식의 종류 또한 각양각색이므로 식사와 함께하는 Wine만 해도 종류가 천차만별이고 또한 음식과 어울리는 Wine을 고르기 위해 까다로운 선택을 한다.

2. 음식과의 조화

서양의 음료문화는 우리 것에 비해 과학적 · 합리적이라고 할 수 있다. 식사의 순서에 따라 식전에는 식욕을 돋우기 위한 가벼운 음료를 마시고, 식사 중에는 음식의 맛을 더욱 즐기기 위한 음료를 마시며, 식사 후에는 소화를 돕는 음료를 마시는 등 식사와 음료가 유기적으로 결합되어 있다는 것이다.

서양의 음료를 올바르게 이해하기 위해서는 무엇보다 이러한 음료문화의 차이를 올바르게 인식하는 것에서부터 출발해야 할 것이다.

제2절 알코올 음료

1. 알코올 음료의 정의

알코올 음료란 알코올을 함유한 음료를 말하며 우리가 '술'이라고 부르는 종류들이 모두 포함된다.

알코올은 화학적으로 여러 가지가 있을 수 있지만, 일반적으로 우리가 잘 알고 있는 것에는 메틸(Methyl)알코올과 에틸(Ethyl)알코올이 있다. 메틸알코올은 독성이 있는 것으로 공업용으로 사용되며, 우리가 마시는 술에 들어가 있는 알코올은 '에틸알코올'이다. 이 에틸알코올도 미생물의 발효에 의해 얻어지는 것만 술에 사용하도록 법에 규정되어 있다.

2. 알코올 음료의 제조

가. 양조주(Fermented Liquor)

1) 특성

곡물의 녹말이나 과일의 당분을 발효시킨 후 여과한 술로서 가장 오래된 역사를 가지고 있다. Wine, Beer, 청주, 막걸리 등이 대표적이다.

- 알코올 함량 : 3~20%

2) 제조

- 당화 : 술을 제조하는 기본 요건으로 당분이 꼭 필요하다. 쌀, 보리 등 전분, 과일의 과당을 함유한 원료를 사용할 때는 이를 당분으로 분해시키는 과정을 거쳐야만 하는데 이러한 과정을 당화라고 한다.
- 알코올 발효 : 당분이 미생물(효모=Yeast)의 작용으로 알코올과 탄산가스로 변하는 과정이며, 곧 술이 만들어지는 과정이기도 하다. Wine, Beer 등의 모든

양조주는 이러한 알코올 발효의 과정을 거쳐서 만들어진다.

나. 증류주(Distilled Liquor)

1) 특성

양조주를 증류하여 알코올 농도를 진하게 만든 술이다. Whisky, Vodka, Brandy, Gin, Rum을 비롯하여 중국의 고량주 등이 여기에 속한다.

- 알코올 함량 : 40~80%

2) 제조

- 양조주 제조 : 증류주를 얻기 위해 양조주를 먼저 제조한다.
- 증류 : 양조주를 끓이게 되면 알코올 성분이 먼저 끓어(78℃) 증발하게 되는데, 물은 증발시키지 않고 알코올 성분만 증발시켜 고농도의 알코올을 얻어 내는 이 과정을 증류라 한다.
- 기체 냉각 : 증류에 의해 증발하는 기체 상태의 알코올을 냉각시켜 액체 상태로 만드는 과정이며 이렇게 해서 고농도의 알코올 성분인 증류주가 만들어진다. Wine을 증류시키면 Brandy를 만들 수 있고, 맥주를 증류시키면 Whisky 또는 Vodka를 만들 수 있다.

다. 혼성주(Compounded Liquor)

1) 특성

Liqueur, Bitters, Vermouth 등이 이에 속한다.

- 알코올 함량 : 30~40%

2) 제조

증류주에 다른 종류의 술을 혼합하거나 약초, 식물의 뿌리, 열매, 과즙, 색소, 향 등을 첨가하여 만든 술이다.

3. 술의 농도 표시

술에 들어 있는 알코올 함유량을 술의 농도라고 하며 이를 표시하는 방법은 나라마다 다르나 통상 다음과 같은 종류로 사용된다.

가. 도(度)

우리나라에서 사용하는 방법으로 술 100ml에 들어 있는 알코올의 양을 농도로 표시한다. 30도라고 하면 술 100ml에 30ml의 알코올이 함유되어 있다는 의미이다.

나. 농도(%)

도와 같은 의미이다. 즉 30도=30%이다.

다. Proof

영국에서 술을 증류하여 고농도의 알코올을 얻었을 때 이를 정확히 측정하기 위해 증류한 알코올에 화약을 섞은 다음 여기에 불을 붙여 불꽃이 일어나자 'Proof(증명)'라고 외친 데서 유래되었다.

우리가 사용하는 도(度), 농도(%)에 약 2배 정도를 곱한 수치이다. 즉 80 Proof는 약 40도가 되는 것이다.

4. 술의 분류

가. 식사에 따른 분류

서양식에 있어서는 식사와 함께 술을 마시는 것이 보편화되어 있다. 따라서 사전의 기본지식으로 식사와 술의 조화에 세심한 주의를 기울여야 한다.

1) 식전주(Before - Meal - Drink, Apéritif)

서양의 식문화에서는 식전주를 마시는 습관이 있다. 본 식사 순서에 들어가기 전에 식욕을 촉진하고 긴장을 풀어주는 것이다.

소량의 알코올을 마시면 위산 분비가 활발해져 식욕이 좋아지며, 신맛과 쓴맛이 있으면 더욱 효과적이다. Cocktail, Champagne, Campari, Sherry, Vermouth 등이 적당하다.

주로 타액이나 위액의 분비를 활발하게 만들어 식욕을 돋우기 위한 음료로 달지 않고 시원하게 마신다.

2) 식중주(During - Meal - Drink)

Meal Course 사이에 입맛을 새롭게 하고 소화를 돕는 역할을 하는 것으로 Wine, Beer 등 알코올 농도가 높지 않아 혀나 위에 자극을 주지 않는 종류가 적당하다.

3) 식후주(After - Meal - Drink, Digestif)

식후 소화를 돕는 역할을 하는 것으로 알코올 농도가 높고 감미로운 종류의 술이 애용된다. 주로 Brandy(Cognac)를 Straight로 마시거나 감미로운 Liqueur류를 Straight 혹은 Cocktail로 한 잔 정도 소량 마신다.

나. 제조법에 따른 분류

- 양조주(Fermented Liquor)
- 증류주(Distilled Liquor)
- 혼성주(Compounded Liquor)

제3절 비알코올 음료

알코올이 함유되어 있지 않은 비알코올성 음료를 의미한다. 비알코올성 음료는 분류하는 기준에 따라 여러 가지가 있을 수 있으나 일반적으로 다음과 같이 분류한다.

1. 청량음료(Soft Drink)

알코올 성분이 없으며 상쾌한 맛을 지닌 음료이다.

- 탄산음료 : Coke, 7-Up, Soda, Ginger Ale, Tonic 등
- 비탄산음료 : Mineral Water

2. 영양음료(Nutritious Drink)

인체에 필요한 영양분을 다량 함유한 음료이다.

- Juice류 : Lemon, Lime, Orange, Grape, Pineapple, Grapefruit Juice 등
- Milk류

3. 기호음료(Favorite Drink)

Caffeine(카페인)을 함유한 음료로 영양보다는 그 향과 깊은 맛으로 생활의 멋과 삶의 여유를 갖게 하는 현대인의 음료이다.

- Coffee류
- Tea류

음료의 분류

<table>
<tr><td rowspan="23">음료
(Beverage)</td><td rowspan="6">비알코올성 음료
(Non-Alcoholic Beverage)</td><td rowspan="2">청량음료
(Soft Drink)</td><td colspan="2">탄산음료(Carbonated)</td></tr>
<tr><td colspan="2">비탄산음료(Non-carbonated)</td></tr>
<tr><td rowspan="2">영양음료
(Nutritious Drink)</td><td colspan="2">주스류(Juice)</td></tr>
<tr><td colspan="2">우유류(Milk)</td></tr>
<tr><td rowspan="2">기호음료
(Favorite Drink)</td><td colspan="2">커피(Coffee)</td></tr>
<tr><td colspan="2">차(Tea)</td></tr>
<tr><td rowspan="17">알코올성 음료
(Alcoholic Beverage)</td><td rowspan="4">양조주
(Fermented Liquor)</td><td colspan="2">맥주(Beer)</td></tr>
<tr><td colspan="2">포도주(Wine)</td></tr>
<tr><td colspan="2">청주(Sake)</td></tr>
<tr><td colspan="2">탁주(Rice Wine)</td></tr>
<tr><td rowspan="10">증류주
(Distilled Liquor)</td><td rowspan="4">위스키
(Whisky)</td><td>스카치 위스키
(Scotch Whisky)</td></tr>
<tr><td>아이리시 위스키
(Irish Whisky)</td></tr>
<tr><td>아메리칸 위스키
(American Whisky)</td></tr>
<tr><td>캐나디안 위스키
(Canadian Whisky)</td></tr>
<tr><td colspan="2">브랜디(Brandy)</td></tr>
<tr><td colspan="2">진(Gin)</td></tr>
<tr><td colspan="2">보드카(Vodka)</td></tr>
<tr><td colspan="2">럼(Rum)</td></tr>
<tr><td colspan="2">데킬라(Tequila)</td></tr>
<tr><td colspan="2">아쿠아비트(Aquavit)</td></tr>
<tr><td rowspan="3">혼성주
(Compounded Liquor)</td><td colspan="2">약초, 향초류(Herbs & Spices)</td></tr>
<tr><td colspan="2">과실류(Fruits)</td></tr>
<tr><td colspan="2">종자류(Beans & Kernels)</td></tr>
</table>

알코올 음료

02

제1절 Wine

Wine은 양조주로서 가장 역사가 오래된 술 중의 하나이다. 그 어원은 Latin어의 Winum이 변하여 Vin(뱅 : 프랑스어), Vino(비노 : 이탈리아어), Wein(바인 : 독일어)이 되었다. B.C. 4000년경, 메소포타미아의 한 무덤에서 포도의 씨가 발견됨에 따라 고대 그리스, 이집트, 페르시아인들도 그 이전부터 Wine을 즐겨 마셨음이 입증되기도 했다. 고대에서는 신비스럽고 영험 있는 술로서 교회에서 성스런 의식을 위해 사용되었으며, 뜻 깊은 축제에서 그리고 일반 대중의 생활의 동반자로서 남녀 모두가 마시기 좋은 술, 인생을 즐기는 술로 희로애락을 같이해 온 술이다. 플라톤은 신이 인간에게 내려준 선물 중에 Wine만큼 위대한 가치를 지닌 것이 없다고 했으며 많은 시인, 철학자들이 Wine의 가치를 이야기해 왔다. 태양이 흔치 않은 유럽에서 와인은 '태양'에 비유된다.

1. Wine의 특성

오늘날의 와인은 오랜 전통과 자연과학의 발달이 빚어낸 걸작품으로 식욕을 돋우고 소화작용을 돕는 건강을 위한 음료일 뿐 아니라, 아름다운 색깔과 조화된 맛과 향기를 지닌 예술품으로서 미적 가치와 함께 격조 높은 술로서 사랑을 받고 있다.

가. 천연 발효주이다

Wine은 넓은 의미로 과일의 천연 Juice를 발효시킨 발효주를 의미하는데, 일반적으로 포도로 만든 것을 말하며 Bottling(병입) 후에도 발효가 계속되는 술로서 생명이 있는 술이라고도 불린다.

나. 알칼리성의 건강음료이다

알칼리성 음료로서 산성식품을 중화시키는 역할을 하여 육식을 주로 하는 서양인들의 식탁에서 빠져서는 안될 중요한 존재로 여겨지고 있다. 고기의 지방분을 없애주고 혀를 긴장시켜 신선한 미각을 되찾아주는 역할을 한다.

다. 포도 수확연도에 따라 향취와 맛의 차이가 있다

어느 두 개의 Wine도 같지 않은 독특한 개성 때문에 사람들로부터 더욱 사랑을 받는 술이다.

라. 요리와 조화를 이루는 식중주로 적합하다

알코올 도수가 낮아(10도 전후) 식사와 가장 잘 어울리는 술이다.

2. Wine의 제조

가. 발효

옛날부터 행해 온 방법으로 포도를 껍질째 발로 밟아, 천연 효모에 의해 자연 발효시키는 방법을 사용하고 있다.

1) Red Wine

포도의 껍질, 알맹이, 씨 등을 모두 포함한 상태로 발효시킨 후 씨와 껍질을 분리시킨다. 이 과정에서 껍질로부터 착색이 이루어지고 껍질과 씨로부터 타닌성분이 용해되어 Red Wine 특유의 색조와 풍미가 형성된다.

2) White Wine

포도의 껍질, 씨 등을 제거한 후 과즙만을 발효시킨다.

3) Rosé Wine(Pink Wine)

처음에는 Red Wine과 마찬가지로 껍질과 함께 발효시키다가 Pink색으로 착색되었을 때 껍질을 제거한 후 재발효시킨다.

나. 숙성

숙성과정은 와인의 가장 큰 특성이다. 발효가 갓 끝난 Wine은 효모의 냄새나 탄산가스 등이 섞여 있어서 맛과 향이 매우 거칠기 때문에 바로 마실 수 없다. 이렇게 발효된 Wine은 Oak통 속에서 종류에 따라 몇 개월에서 몇 년까지 긴 숙성기간을 거쳐 깊은 맛과 은은한 향의 조화를 얻게 된다.

오크통의 숙성

공기와의 적절한 접촉이 가능하므로 스테인리스 탱크의 숙성보다 좋다. 오크통은 2천 년 전 로마시대부터 사용하였으며 저장운반에 적합한 용기이다. 오크는 나뭇결이 치밀하고 적당한 타닌을 함유, 용출하여 자체적으로 맑아지게 되는 특성이 있다. 산화가 조금씩 지속되어 다양하고 세련된 와인의 부케를 형성하게 된다. 프랑스의 Limousin(리무진)이란 곳이 유명하며, 세척 후 멸균, 물을 채워 건조를 방지한다.

Wine의 숙성기간

Wine을 오래 묵은 것일수록 좋다고 여기는 것은 금물이다. 물론 덜 숙성되어 독하고 거친 와인들이 10년, 20년, 50년에 걸쳐 조화되고 와인 자체의 진한 향이 형성되어 최고급 와인이 탄생되는 경우도 있지만 아무 와인이나 오래될수록 좋은 것은 아니다. Wine의 Life Cycle은 저장기간 동안과 병입 후에도 계속해서 숙성되어 최고로 숙성된 다음부터는 쇠퇴하기 시작하여 마침내는 부패하게 된다.

1) Red Wine

약 6개월에서 3년 정도의 오랜 숙성기간을 거치면서 색깔은 짙은 보라색에서 점차 벽돌색으로 변하고 맛의 강도도 변하여 거칠고 쓴맛이 부드러워진다.

2) White Wine

White Wine의 경우는 신선도를 유지해야 하므로 2~3년 이상 저장하는 것은 바람직하지 않다. 숙성기간을 거치면서 색깔은 황금색으로 변하고 오묘한 부케향도 얻게 된다.

다. 병입(Bottling)

숙성이 끝나면 혼탁을 일으키는 물질, 재발효 가능성이 있는 미생물 등의 침전물은 미세한 여과장치를 이용하여 여과한 후 맑은 액을 병에 담아 Cork로 마개를 한다.

라. 저장

서늘하고 진동이 없고 바람이 잘 통하는 어두운 지하 창고인 Cellar에서 눕혀서 보관된다. 코르크가 와인액에 항상 젖어 있도록 해야 한다. 코르크마개 수축으로 공기가 유입될 경우 와인이 산화 또는 부패가 일어나기 쉽다.

3. 좋은 Wine의 조건

Wine의 질을 결정하는 기본 요소에는 다음과 같은 것이 있으며 이 중 하나만 잘못되어도 좋은 Wine이 나오지 않는다.

가. 좋은 Wine은 원료 포도의 품종에 따라 좌우된다

세계적으로 유명한 Wine을 만드는 포도 품종은 다음과 같다.

1) Red Wine용

- Cabernet Sauvignon(카베르네 소비뇽) : 보르도 지방의 대표 품종
- Pinot Noir(피노 누아) : 부르고뉴 지방의 대표 품종
- Gamay(가메) : 보졸레 지역의 대표 품종

2) White Wine용

- Chardonnay(샤르도네) : 부르고뉴 지방이 원산지이며 White Wine의 대표 품종
- Sauvignon Blanc(소비뇽 블랑) : 보르도 지방이 원산지
- Riesling(리슬링) : 독일 및 알자스 지방이 원산지
- Gewürztraminer(게뷔르츠트라미너) : 알자스 지방이 원산지

나. 좋은 Wine은 포도의 생산지에 따라 좌우된다

좋은 와인은 양질의 포도 재배조건인 토양, 지형, 채광, 기후 등 모든 요소들이 결합된 총체적인 자연환경의 조화이다. 같은 종류의 포도라도 기후와 토양이 다르면 그 맛과 품질이 달라진다. 특히 프랑스의 경우 전통적으로 포도밭에 등급을 두고, 이 순위를 고정시켜 놓음으로써, 수확되는 포도의 질과 상관없이 품질을 결정해 버린다.

다. 좋은 Wine은 포도의 수확연도(Vintage)에 의해 좌우된다

'Vintage(빈티지)'란 포도를 수확한 해를 의미하며 양질의 포도로 발효, 숙성되어 병입된 와인을 좋은 빈티지(Good Vintage) 와인이라고 한다. Vintage Chart는 주로 프랑스 와인을 수확연도에 따라 와인산지별로 등급을 표시해 놓은 표이다.

와인의 품질은 기온과 강우량 그리고 일조시간 등 그해 기후의 영향을 많이 받기 때문에 풍년이 된 해의 포도로 만든 Wine은 품질이 좋아진다. 따라서 포도 수확연도는 그해에 생산된 와인의 개성을 나타내는 데 있어 매우 중요한 역할을 한다. 그래서 미식가들은 Wine을 선택할 때 '보르도 1989년산' 하는 식으로 포도

풍년이 든 해를 기억하고 그해 그 지역의 Wine만을 찾기도 하는 것이다.

Vintage Chart(=Vintage Guide)

매년 포도를 수확하게 되면 와인위원회의 직원, 포도재배업자, 네고시앙, 와인 전문가 등 수 십 명을 선발하여 와인평가위원회를 구성하여 샘플을 채취하고 평가하고, 발효가 끝나면 다시 위원회에서 재평가하여 평균점을 내서 표시하고 각 생산지별, 상표별 점수를 나타낸 표를 가리키는 말이다. 특히 프랑스와 독일 등의 북부유럽에서 생산되는 Wine은 Vintage에 따라 품질의 차이가 있기 때문에 소비자들은 공신력 있는 Vintage Chart에 전적으로 의존할 수밖에 없다.

라. Wine 제조기술

Wine을 만드는 과정은 복잡하고, 경험이 요구되기 때문에 최신 기술만을 사용한다고 해서 좋은 Wine이 보장되는 것은 아니다.

4. Wine의 분류

Wine은 색깔, 맛, 만드는 방법 등에 따라 다음과 같이 분류될 수 있다.

가. 색깔에 따른 분류

1) Red Wine

적포도의 껍질에서 색소를 착색시켜 만든다.

2) White Wine

청포도나 적포도를 사용하며 착색되지 않도록 껍질을 제거하여 만든다.

3) Rosé(Pink) Wine

적포도의 껍질에서 색소가 적당히 착색되었을 때 껍질을 분리하여 만든다.

나. 맛에 따른 분류

1) Dry Wine

양조 시 당분이 남아 있지 않도록 완전히 발효시켜 만든다.

2) Sweet Wine

양조 시 당분이 적당히 남아 있을 때 발효를 중지시킨다.

다. 제조법에 따른 분류

1) **일반 와인**(Still or Table Wine)

와인 양조 시 발생되는 탄산가스를 제거시켜 만드는 비발포성 Wine으로 보통 식탁에 오르는 일반 Wine을 일컫는다.

2) **발포성 와인**(Sparkling Wine)

1차 발효가 끝난 후 2차 발효에서 생긴 탄산가스를 그대로 함유시킨 것으로 보통 Champagne이라고 한다.

3) **강화 와인**(Fortified Wine)

와인을 제조하는 과정에 알코올 도수가 높은 그 지방의 Brandy 등을 첨가해 만든 것으로 스페인의 Sherry, 포르투갈의 Port Wine 등이 있다.

4) **방향 와인**(Aromatized Wine)

독특한 향신료, 약초 등을 첨가해 향미를 좋게 한 것으로 프랑스의 Dry Vermouth, 이탈리아의 Sweet Vermouth 등이 있다.

5. Wine의 명산지

다음의 나라는 지리적 위치, 기후 등에 따라 각각 전통을 가지고 특색 있는 와인을 생산해 내고 있다.

가. 프랑스 Wine

프랑스 와인은 요리문화와 함께 발달한 역사적인 성장 배경을 갖고 있으며, 기후조건 또한 여름에 덥고 건조하며 겨울에 춥지 않은 서늘한 기후이다. 또한 일찍부터 프랑스 정부에서 엄격한 품질 관리체제를 확립하였고, 프랑스 국민의 애정(정직성, 자부심, 정성)으로 명실공히 세계에서 품질이 가장 우수한 와인을 생산하고 있다.

프랑스의 와인등급

- **A.O.C.(Appellation d'Origine Contrôlée : 아펠라시옹 도리진 콩트롤레)**
  A.O.C.는 프랑스 Wine 중 최고급에 속하는 Wine에만 붙여지는 Wine의 등급 용어이다. 이는 '원산지 명칭의 통제'라고 해석할 수 있는데 와인의 원료인 포도의 재배장소, 위치, 품종, 단위당 수확량의 제한, 그리고 재배방법과 알코올 농도까지 최소한의 규정을 정하고 지방별로 고급 Wine의 품질을 관리하는 제도이다. 프랑스에서 약 250개 정도를 지정, 생산량의 15~30% 정도가 A.O.C.의 통제를 받고 있다.
  프랑스 Wine이 세계적으로 유명한 이유는 A.O.C.와 같이 Wine의 품질에 대한 등급의 관리체계가 확립되었기 때문이다. 프랑스는 지방행정부의 법률규제로 엄격한 품질관리체제 확립, 원산지 명칭의 통제를 통하여 각 지방별로 고유의 전통과 명성을 가진 와인을 생산할 수 있는 토대를 마련하였다. 이를 통하여 유명한 고급와인의 명성을 보호, 프랑스 Wine의 품질과 명예를 유지하는 데 큰 역할을 하고 있을 뿐만 아니라, 유명한 포도원의 포도를 사용하지 않으면서 그 지명을 도용하는 행위나 다른 곳에서 포도를 구입하여 와인을 제조하는 행위 등을 법으로 통제하여 정직한 업자를 보호하고, 소비자에게는 좋은 Wine을 선택할 수 있는 공신력을 주기도 한다. 즉 Apellation Bordeaux Contrôlée는 보르도 지방에서 생산하는 포도만 사용한다. 프랑스에는 A.O.C. 외에 다음의 등급을 두고 있다.

- **Vin de Pays(뱅 드 페이)**
  프랑스 Country Wine이라고도 하며, 비교적 지명도가 높지 않은 지역에서 생산되는 지방 Wine이다.

- **Vin de Table(뱅 드 타블)**
  가장 낮은 등급으로 프랑스 전체 Wine의 40~70%를 차지하며 가격도 싸고 일반적으로 마시는 보통 와인이다. 와인의 원산지나 품질이 자세히 기록되지 않는다. 2009년 이후에는 Vin de France로 대체되었다.

프랑스 Wine 생산지역 중 이름 있는 곳은 다음의 6개 지역이다.

프랑스 와인생산지

1) Bordeaux(보르도)

로마시대부터 포도밭이 조성되었고, 한때 영국의 영토가 되면서 보르도 와인이 유럽 전역으로 퍼져 와인의 명산지로 명성을 굳히게 되었다. 보르도는 기후와 토양 조건이 포도재배에 완벽하고, 항구를 끼고 있어서 와인의 제조와 판매에 유리한 조건을 가지고 있다.

- 보르도 Wine의 특성 : 질 좋은 Red 또는 White Wine이 생산되며, 특히 고급 Wine인 Château(샤토) Wine이 유명하다.

Château

원래 성곽이나 대저택을 의미하지만 와인과 관련해서는 특정한 포도양조장을 뜻한다.
Château Wine의 의미는 포도원 소유자가 자기 포도원에서 재배한 포도를 발효 양조하여 포도원 내에 있는 주창에서 병입한 와인으로 상표에 포도원의 이름과 주소를 기재하여 와인의 전 생산과정을 그 샤토가 보증한다는 의미를 갖고 있는 와인이다.

- 세계에서 가장 유명한 Red Wine의 생산지로 유명하여 Red Wine의 여왕이라고 불린다.
- 보르도의 Red Wine은 선홍색을 띠고 있다.
- 최고의 포도 품종 재배
  - Cabernet Sauvignon(카베르네 소비뇽), Merlot(메를로) : Red Wine
  - Sauvignon Blanc(소비뇽 블랑) : White Wine

- 보르도 Wine의 유명 산지 : 보르도 지방의 특정 포도원은 법에 의해 24개 지구로 나뉘어 있고 여러 지역 중 특히 다음의 5개 지역은 품질이 가장 우수한 Wine을 생산해 내고 있다.
  - Graves(그라브) : 특수토양으로 재배되어 독특한 맛을 가진 와인이 생산된다.
  - Pomerol(포므롤) : 규모가 작고 생산량이 적으므로 희소가치로 유명하다.
  - Sauternes(소테른) : 달콤한 화이트와인이 유명하다[Noble Rot(포도가 익을 무렵 포도 껍질에 발생하는 곰팡이)가 생긴 포도알로 생산].
  - Saint-Émillion(생테밀리옹) : 대부분 레드와인이 생산되며 보르도 레드와인 중 가장 그윽한 맛이 난다.
  - Médoc(메도크) : 가장 고전적인 보르도산 적포도주이다.

생산지 면적과 품질의 관계

프랑스 A.O.C.에 따라 일정한 기준에 달하지 않은 와인은 보르도의 메도크 지구에서 생산되더라도 메도크 이름을 붙이지 못한다. 그리고 같은 보르도의 메도크 지구라고 해도 지방이 세분화된 더 작은 지역일수록 원료 생산지의 범위가 작아지고, 일반적으로 작은 지역단위의 A.O.C. 와인은 규제내용이 엄격하므로 품질이 향상되고 더 특색 있는 고급와인으로 인정한다. 즉 생산지 면적과 와인의 품질은 역순이 된다.

(품질 : 보르도 < 메도크 < 오메도크 < 마고)

- 메도크 지구
  - Haut-Medoc(오메도크)
    - Saint-Estephe(생테스테프)
    - Pauillac(포이약)
    - Saint-Julien(생쥘리앵)
    - Margaux(마고)
  - Bas-Medoc(바메도크)

2) Bourgogne(부르고뉴)

- 부르고뉴 Wine의 특성
  - 보르도와 함께 프랑스 와인의 대표적 명산지로 알려져 있다.
  - 영어를 상용하는 나라에서는 Burgundy(버건디)라 부르기도 한다.
  - Red Bourgogne는 암홍색으로 Red Bordeaux가 여성적인 데 반하여 남성적이라고 표현한다. 그래서 보르도 Wine을 여왕이라고 하면 부르고뉴 Wine은 왕이라 불리기도 한다.
  - Bourgogne의 Chablis(샤블리) 지방은 White Wine이 매우 유명하며, 연한 황록색으로 향이 좋고 Dry한 맛의 Wine이다.
  - 병의 모양이 Bordeaux에 비해 허리가 미끄럽게 빠진 Type이다. 사용품종은 피노 누아를 전부 사용한다(보졸레는 Gamay 사용).
  - 부르고뉴는 프랑스 북동부 지방에 널리 퍼져 있어 지명과 위치를 파악하는 것이 보르도보다 복잡하다. 또한 부르고뉴의 포도밭은 규모가 작아 Wine을 직접 제조하기 어려운 조건이므로 중간 제조업자에 넘겨져 제조되며, 이때 Wine의 품질이 좌우되는 경우가 많다. 그러므로 네고시앙(Négociant) 와인이 유명하다.

Négociant Wine

자기 포도원을 소유하지 않은 주상들이 아직 숙성되지 않은 와인을 여러 포도원에서 구입하여 지상에 있는 주창에 술단지(Barrel)에 든 상태로 저장해 놓는다. 이것이 어느 정도 숙성되면 여러 포도원으로부터 구입한 와인들을 자기의 독창적 기술로 Blending한 후 병입하여 지하창고에 저장 보관했다가 자기의 이름이나 상사의 이름을 병의 라벨에 표기하여 출고하는 와인이다.

- 부르고뉴 Wine의 유명 산지
  - Côte D'Or(코트 도르) : 최고급 와인을 생산하는 부르고뉴의 핵심지역
  - Côte de Nuit(코트 드 뉘) : 북쪽지방. 보르도의 메도크와 함께 대표적인 프랑스 레드와인 지역
  - Côte de Beaune(코트 드 본) : 남쪽지방. 화이트와인으로 유명
  - Chablis(샤블리)
  - Beaujolais(보졸레)
  - Maconnais(마코네)

Beaujolais Nouveau(보졸레 누보) Wine

부르고뉴의 Beaujolais 지역에서 생산되는 Nouveau Wine이란 그해에 수확한 '햇술'이란 의미로 기존의 Red Wine과는 전혀 다르게 탄소를 섞어 만들기 때문에 맛이 특이한 Wine이다. Beaujolais Nouveau Wine은 포도의 싱싱함이 스며 있는 듯한 가벼운 감칠맛을 유지하는 기간이 2~3개월에 불과해 일반 Wine처럼 오래 보관하는 Wine은 아니다. 보통 늦여름에 수확하면 그해 Christmas에는 시장에 나올 정도로 생산, 소비의 회전이 빠르므로 값도 비싸지 않다. 정해진 때가 아니면 1년을 기다려야 하는 희소가치가 있어 인기 있는 Young Wine이다.

3) Alsace(알자스)

완전발효(11~12%)로 Dry한 White Wine의 생산지로 유명하다. 독일과 국경을 맞대고 있는 북부 내륙지방으로 독일과 비슷한 포도 품종을 재배한다. 서늘한 기후 조건 때문에 포도의 성장기간이 짧다. 주로 청포도를 재배하며, Riesling(리슬링), Gewürztraminer(게뷔르츠트라미너) 등 질 좋은 백포도주의 명산지로 알려져 있다. 목이 가늘고 긴 병을 사용한다.

4) Rhône(론)

Wine 스타일이 이탈리아와 비슷하다. 주로 Red Wine을 생산하며 프랑스 어느 지방의 Wine보다 알코올 함량이 높다. 고전적인 중후한 Red Wine을 좋아하는 사람은 론의 Red Wine을 부르고뉴나 보르도의 Wine보다 더 높이 평가한다.

Tavel Rosé(타벨 로제) Wine
유명한 Rosé(Pink) Wine으로 Tavel 지역에서 생산된다.

5) Loire(루아르)

대서양 연안 Nantes(낭트)에서 루아르 강을 따라 긴 계곡으로 연결된 Wine의 명산지로, 이 지방에서 생산되는 Wine의 대부분은 White Wine이다. 다른 지방의 Wine에 비해 값이 비싸지 않고 인기가 좋아서 대부분의 파리 Restaurant에서는 루아르 Wine을 갖춰 놓고 있다. 사용 품종은 Sauvignon Blanc(소비뇽 블랑)이다.

6) Champagne(샹파뉴)

발포성 Wine인 Champagne(샴페인)의 생산지로 유명하다. Sparkling Wine인 샴페인을 생산하는 지역으로 영어를 사용하는 나라에서는 샴페인이라고 하지만 프랑스에서는 지방 명칭을 따서 '샹파뉴'라고 한다.

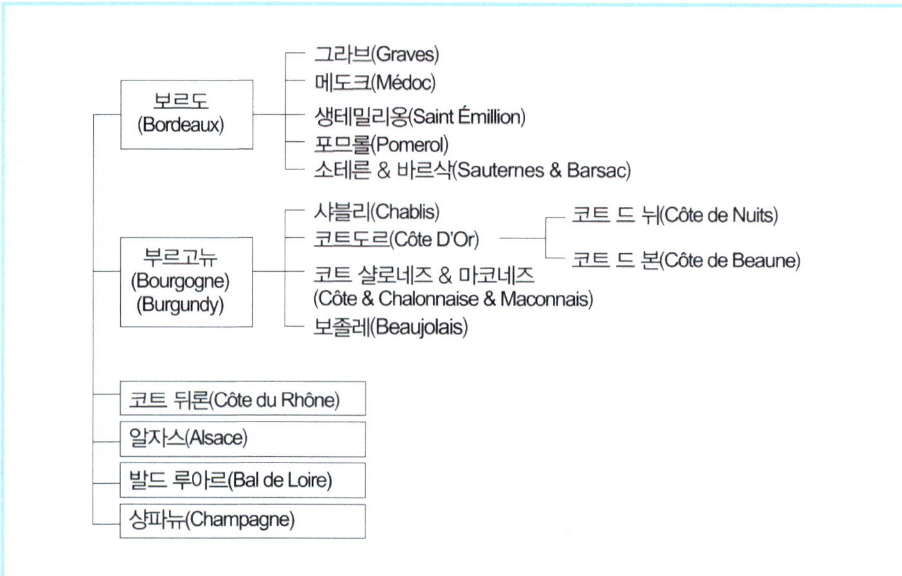

프랑스 와인산지에 의한 분류

산지별 와인병 모양과 글라스

나. 이탈리아 Wine

로마시대부터 와인의 종주국임을 자처하는 이탈리아는 생산량, 소비량, 수출량이 모두 1위이다.

좋은 기후조건으로 모든 지역에서 포도가 재배되고 Wine이 만들어지고 있으며, 주요 생산지역으로는 피에몬테, 토스카나, 베네토주 등이 있다.

이탈리아에서 생산되는 Wine 중 4/5 정도가 Red Wine이며 대부분 국내에서 소비되고 일부만 수출된다. 대개 이탈리아 Wine은 포도 품종의 이름을 사용하고 나머지는 지명을 사용한다.

이탈리아 와인은 대체적으로 무겁고 강건하며 부드러우면서도 미묘한 맛을 내는 개성이 강한 포도주이다. 전통적으로 Chianti(키안티), Vermouth(베르무트) 등이 유명하다.

- Chianti Wine : 가장 잘 알려진 Wine 생산지역인 Toscana(토스카나) 지역의 Wine으로 유리가 비싸던 시절 유리가 깨지는 것을 막기 위해 짚으로 병을 둘러싸는 Fiasco(피아스코)로 유명했으나 수공비가 많이 들어 현재는 보르도 타입의 병으로 바꾸고 있다. 신선하고 가벼운 맛으로 Young Wine으로 주로 마신다. Chianti Classico(키안티 클라시코)는 키안티 내의 최상급 산지에서 나온 Wine이다.
- 이탈리아 Wine 등급의 표기 : 프랑스의 A.O.C. 제도를 모방하여 다음과 같이 품질관리체제(D.O.C.)를 정하여 시행하고 있다.
  - D.O.C.G.(Denominazione di Origine Controllata e Garantita) : 최상급
  - D.O.C.(Denominazione di Origine Controllata) : 상급
  - I.G.T.(Indicazione Geografica Tipica) : 중간등급
  - Vino da Tavola : Table Wine

- Rosso : Red
- Bianco : White
- Secco : Dry
- Dolce : Sweet

다. 독일 Wine

프랑스와 달리 날씨가 춥고 일조량이 많지 않기 때문에 포도가 자랄 수 있는

곳은 남서쪽 라인강의 가파른 언덕 지대로서 주로 White Wine을 생산하고 있다. 이런 이유로 85% 정도가 순한 백포도주이며 부드럽고 감미롭다. 독일 Wine은 무엇보다 포도 재배지역을 보는 것이 중요하며, Rhein(라인), Mosel(모젤) Wine은 세계적으로 유명하다. 포도 품종은 최고의 White Wine인 Riesling(리슬링)이다.

최고급 와인은 라벨에 Q.M.P.(Qualitätswein mit Prädikat)라고 표시되어 있는데 이는 독일 Wine 등급의 표기로서 특징 있는 고급 Wine의 등급이다.

- Rot Wein : Red Wine
- Weiss Wein : White Wine
- Trocken : Dry

독일의 발포성 와인은 Schaumwein(샤움바인)이라고 하며, 특별히 품질관리된 고급품은 Sekt(젝트)라 한다.

라. 스페인 Wine

스페인은 세계에서 세 번째로 Wine 생산량이 많은 나라이다. 이곳에서 생산되는 Wine은 대부분 Table Wine이지만 남쪽 안달루시아(Andalucia)에서는 세계적으로 유명한 식전주 강화 Wine인 Sherry(셰리)를 생산하고 있다.

- Sherry Wine : 스페인의 대표적인 포도주 셰리는 Brandy를 첨가하여 알코올 농도를 높인 Wine이다. 담백하고 강한 특성을 지닌 Dry Sherry는 식전주로 많이 마시며, Sweet Sherry는 Dessert Wine으로 애용된다. 셰리산업의 중심지인 헤레스(Jerez)를 영어화하여 Sherry로 부르게 되었다.

  D.O.Ca.(Denominación de Origen Calificada)는 인증된 원산지 명칭 와인으로 최상급 와인 등급이다.

- Tinto : Red Wine
- Blanco : White Wine
- Seco : Dry
- Dulce : Sweet

마. 포르투갈 Wine

포르투갈의 포도원은 고원지대에 많이 있다. 무더운 긴 여름과 강우량이 많아 포도 재배에 적당한 기후이다. 이곳의 신선하고 꾸밈없는 감칠맛의 화이트와인인 Vinho Verde(비뉴 베르드)는 영와인이며, 약간 달고 중후한 맛의 디저트용 Port(포트) 와인과 특이한 맛의 Rosé(로제)와인은 세계적인 명성을 얻고 있다. 포르투갈의 Wine은 이탈리아, 스페인과 마찬가지로 주로 Red Wine을 생산한다.

전통적으로 Dessert Wine으로 인기가 있는 Port Wine이 가장 유명하다. D.O.C.(Denominação de Origem Controlada)는 최상급 품질 등급으로, 프랑스의 A.O.C.와 같은 의미를 갖는다. 지역, 품종, 생산방식 등이 법적으로 엄격히 통제된다.

- Port Wine : 대표적인 Dessert Wine으로 강화 Wine이다. 최근 다른 나라에서도 Port Wine이 많이 생산되므로 Oporto(오포르투)라는 이름을 붙이기도 한다. Oporto는 Port Wine을 실어 나르는 항구 이름이다.

- Tinto : Red Wine
- Branco : White Wine
- Seco : Dry
- Doce, Adamado : Sweet
- Espumante : Sparkling

바. 미국 Wine

1850년경 포도재배의 기초가 이루어졌고 처음에는 유럽 와인과 비슷한 것을 만들어 상표에 샤블리, 버건디, 라인 등 유럽의 유명산지 이름을 붙여 생산하였다. 1950년대 들어 포도 품종기술 등이 확립되면서 와인생산이 본격화되고 1960년대부터 소규모 양조장이 증가하면서 생산능력이 향상되었다.

미국 Wine Label에는 Wine의 품질을 가장 잘 나타내는 포도 품종이 주로 사용된다. 포도 품종을 상표로 사용한 것은 고급와인으로, 유럽의 유명와인 산지명을 사용한 것은 일반품으로 인정된다.

미국의 Wine은 대부분 California에서 생산되는데 이상적인 기후조건과 풍부한 자본 및 기술을 적용하여 근래 세계적인 품질의 Wine을 생산하고 있다. 주 생산지는 California의 Napa Valley와 Sonoma County 등이 유명하다.

6. Wine Label의 이해

가. Wine Label의 의미

Wine의 Label은 Wine의 얼굴이라고 할 수 있다. 일반적으로 Wine의 Label만 보고서도 그 Wine의 품질과 그 Wine에 대한 이해가 가능하다.

Label의 내용은 포도 품종, 포도 수확연도(Vintage), 생산지, 소유자, Wine의 등급, 알코올 도수, Wine의 용량 등 그 Wine에 대한 전반적인 사항이 표기되어 있다.

나. 프랑스 Wine Label Reading

1) Bordeaux Wine Label의 예

- Château(샤토) : 주로 Bordeaux Wine Label에만 사용하며 포도밭을 가진 Wine 양조장을 의미한다. Château Wine의 의미는 Label에 표기된 포도 양조장(Château)에서 포도재배, 제조, 그리고 포장까지 이루어진다. 최고급 Wine이다.
- Mis en Bouteille au Château : Château에서 Wine을 직접 병에 담았음을 의미한다.
- Grands Crus Classés : Médoc 지방 Wine 산지 중 최고의 산지에 등급을 매긴 것으로 이 등급 중 1급 산지를 Premiérs Crus로 표기한다. Grands Crus Classés에는 1등급부터 5등급까지 있다.
- Vintage : Wine을 제조한 포도의 수확연도를 의미한다.
- A.O.C.(Appellation d'Origine Contrôlée) : 원산지 명칭의 통제

보르도 지방의 샤토 등급 : Grands Cru Classés

전통적으로 고급와인은 생산하는 포도원 샤토의 등급이 정해지며 이를 Grands Crus Classés라 부르고 라벨에 표기하여 특별 취급하였다. Grands Crus Classés 1등급은 다시 5개의 등급으로 세분화된다. 그 유래는 1855년 나폴레옹 3세 때 파리박람회 개최 시 와인 브로커에게 세계의 보르도 와인을 소개하기 위해 출품할 와인을 선택하는 과정에서 이루어졌으며, 이는 백 년이 넘는 세월 동안 거의 변동 없이 오늘날까지 적용되고 있다. Grands Crus Classés에 속한 샤토는 그들의 명성에 하나의 오점도 남기지 않기 위해 예술적 가치를 지닌 높은 수준의 와인을 생산하고 있다.

2) Bourgogne Wine Label

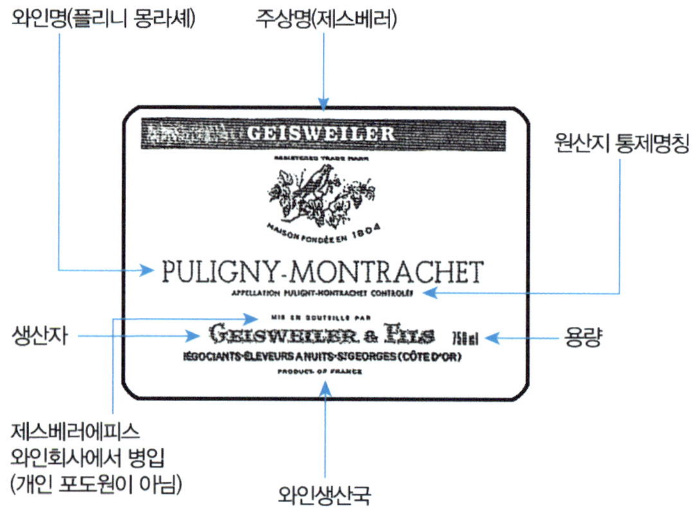

부르고뉴 라벨의 예

- Domaine(도멘) : 주로 Bourgogne Wine Label에만 사용하며 포도밭을 가지고 직접 Wine을 제조하는 Wine 양조장을 의미한다.
- Négociant(네고시앙) : Wine 중개인이란 뜻으로 Bourgogne Wine을 고를 때 명성 있는 Négociant의 제품을 선택하는 것이 중요하다.

  Bourgogne 지역은 포도의 재배가 소규모로 이루어지는 경우가 많으므로 전통적으로 중개인들이 질 좋은 포도를 구입하여 자신의 이름으로 Wine을 생산하게 된다. 따라서 Bourgogne Wine에 있어서 Négociant의 역할은 매우 중요하다.

Négociant

Bouchard Pere & Fils, Joseph Drouhin, Louis Latour, Geisweiler 등

7. Wine의 보관

Wine은 병입 후에도 변화가 계속되므로 살아 있는 생명체와 같다. 보관방법에 따라 Wine의 가치가 달라지므로 보관에 유의해야 한다.

가. 빛, 높은 온도, 진동을 피한다

Wine의 산화를 촉진시키는 요소에는 햇빛을 포함한 강한 광선, 높거나 변화가 심한 온도, 그리고 심한 진동이 있다. 따라서 장기간 보관되는 Wine은 Cellar라 불리는 어둡고 서늘하며 조용한 지대 밑의 지하창고에 저장하는 것이 좋다.

온도는 약 13도 정도의 일정한 온도가 이상적이다. 진동은 와인 속의 찌꺼기가 떠오르는 것을 막고 코르크가 풀어지는 것을 방지하기 위해 최소화해야 한다.

나. 눕혀서 보관한다

Wine은 공기와 접촉할 경우 산화하여 부패하게 되므로 Cork 마개를 한 Wine은 Cork가 촉촉이 젖도록 눕혀서 보관한다. 병을 세워 두어 Cork가 건조해지면 미세한 구멍으로 공기가 침입하게 되므로 공기와의 접촉을 차단하기 위해 병은 반드시 눕혀서 보관한다.

8. Wine을 마실 때의 온도

Wine을 맛있게 마시기 위한 온도는 엄밀히 말해 자신이 맛있다고 느끼는 온도일 수도 있을 것이다. 하지만 Wine은 독특한 풍미를 갖고 있으므로 그것을 잘 살려주는 온도에서 보다 좋은 Wine의 맛을 느낄 수 있는 것이다.

가. White Wine과 Rosé Wine

6~12도 정도로 조금 차게 마시는 것이 좋으며 Sweet한 Wine은 더 차갑게 하는 것이 좋다. 하지만 너무 차가우면 혀가 마비되어 Wine의 맛과 향을 제대로 느낄 수 없으므로 유의한다.

나. Red Wine

Red Wine은 차지 않게 실온으로 마시는 것이 가장 좋으며, 실온이란 15~20도 정도를 말한다.

Beaujolais Nouveau(보졸레 누보) Wine

프랑스 부르고뉴 지방에서 생산되는 Red Wine이나 숙성시키지 않은 Young Wine으로 약간 차게 해서 마신다.

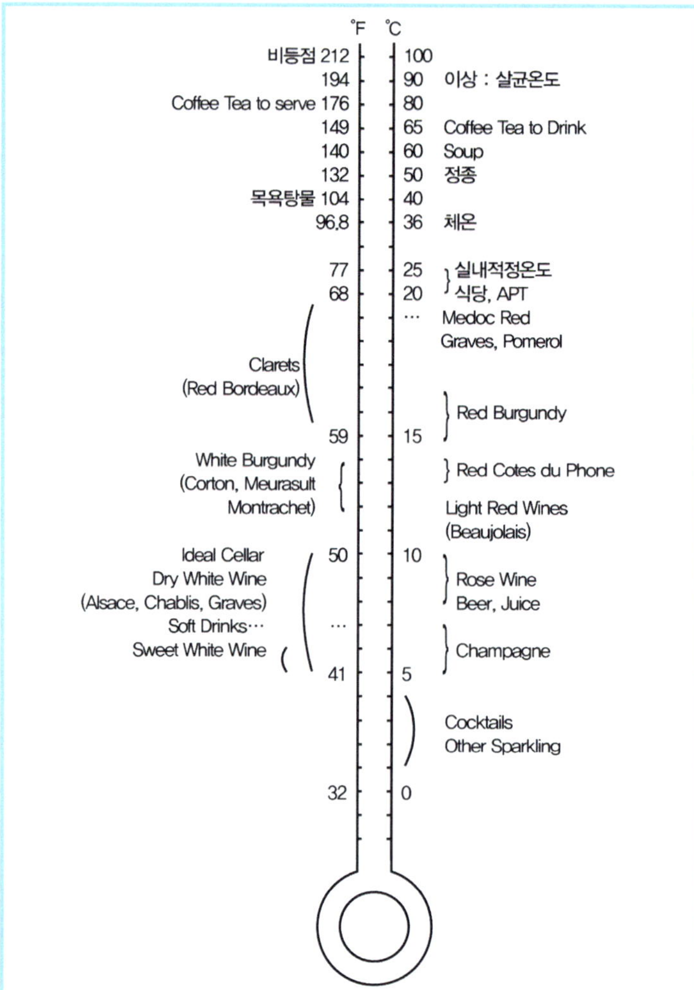

이상적인 음료의 온도

9. 일반적인 Wine의 기구

가. Wine Opener

Wine을 Open할 때 사용하는 기구로 고급 Wine일 경우 Wine 코르크를 Open하기 위해 비교적 양질의 Opener를 사용해야 한다.

나. Wine Basket

고급 레스토랑에서는 Cork의 건조 방지를 위해 옆으로 눕힌 모양을 사용한다.

다. Glass

1) 투명한 재질

색채를 즐길 수 있어야 한다.

2) 원형 Type

향을 즐길 수 있어야 한다.

3) Stem

손의 체온 전이를 방지할 수 있어야 한다.

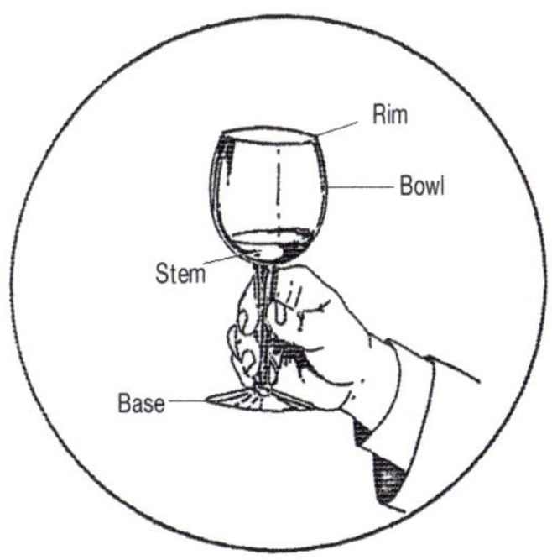

Wine Glass

라. Wine Decanter

Wine Decanting을 위해 투명한 재질로 만든 유리병을 의미한다.

Wine Decanting(와인 디캔팅)

침전물(Sediment)을 분리하기 위해 별도의 투명한 유리병에 Wine을 옮기는 것을 말하며 이 과정에서는 또한 공기와의 접촉을 빨리 유도하여 Breathing도 함께 시킬 수 있다. 촛불을 켠 다음, 왼손으로 Carafe를 잡고 오른손으로 Wine Bottle을 잡은 후 Wine병의 어깨쯤에 촛불의 불꽃이 비치도록 하여 Wine을 따른다. 이때 찌꺼기가 나타나면 중지한다.

Red Wine은 장기간 저장 숙성되기 때문에 침전물이 생긴다. 흔히

Red Wine을 서비스하는 과정에서 초보자들이 병을 함부로 다뤄서 Open하지 않은 병 속에 침전물이 부유하는 것을 보고 Wine이 상했다고 생각하는 경우가 있으나 잘 숙성된 Red Wine일수록 침전물이 많다.

마. Wine Linen

- Wine을 따를 때 Wine병을 감싸 손의 체온이 전달되는 것을 방지할 수 있다. 병을 감쌀 때에는 Label을 가리지 않도록 해야 한다.
- 차게 한 Wine병의 물방울과 Wine Pouring 시 흐르는 Wine액을 처리해 줄 수 있다.
- 청결한 Wine Linen은 고급스럽고 품위 있는 분위기를 연출해 준다.

10. Wine Open 방법

가. Open 요령

- 먼저 Label을 보여드린다.
- Knife를 이용하여 Capsule을 제거하고 병마개 주위를 잘 닦는다.
- 노출된 Cork상태를 확인하고, 더럽거나 곰팡이가 있으면 깨끗이 닦아낸다.
- Opener Screw의 금속부분이 병에 닿지 않도록 중앙에 꽂아 돌린다.
- Cork의 부스러기가 떨어지지 않도록 깊이 넣지 않는다.
- 나사를 천천히 돌려 Cork 마개를 1cm가량 남은 위치까지 뽑은 후 Service Cloth를 받쳐 손가락으로 Cork를 잡고 천천히 돌려서 마개를 뽑는다.
- 빼낸 Cork가 젖어 있는지, 이상한 냄새가 나지 않는지 확인한다.

나. 상한 Wine 감별 요령

1) Wine의 Color를 점검한다

- Red Wine : 부패가 심한 경우 황토색을 띤다.
- White Wine : Brown색을 띠나 둔탁하다.

2) Cork의 상태를 점검한다

- Cork가 말라 있거나 식초, 곰팡이 냄새가 난다.
- Wine Open 시 Cork가 쉽게 부스러지는 경우에 유의한다.
- Wine Open 시 Cork가 쉽게 빠지거나 밀려들어가는 경우에 유의한다.

3) Wine의 맛을 본다

- 부패한 Wine의 경우 초산발효가 진행되어 시큼한 맛, 황 냄새가 난다.

11. Wine Breathing

Breathing이란 Wine 제조과정 중 오랜 숙성기간을 거치는 가운데 병 속에 남아 있는 거친 맛을 Wine병을 미리 Open하여 공기와 접촉하게 함으로써 Wine이 숨을 쉬게 해주는 것을 말한다.

공기 중의 산소와 접촉함으로써 Wine의 향미가 되살아나는 과정이므로 Wine을 마시기 전에 반드시 Breathing을 해야 한다.

가. Red Wine

White Wine에 비해 오랜 숙성기간을 거친 Red Wine은 최소한 30분 전에 Open하여 Breathing시킨다.

나. White Wine

Red Wine에 비해 숙성기간이 짧으므로 10~30분 전에 Open하여 Breathing시킨다.

12. Wine Tasting

가. Wine Tasting의 의미

Wine은 종류와 숙성기간에 따라 특유의 맛과 향을 가지며, 이러한 Wine의 맛과 향은 좋은 Wine을 결정짓는 요소이기도 하다. 따라서 Wine을 마시기 전 Wine의 색, 향, 맛을 시음하는 절차를 거치는데 이를 Wine Tasting이라고 한다.

나. Tasting의 내용

1) Appearance(빛깔과 투명도)

잔을 들어 빛깔과 투명도를 감상한다. 잘 숙성된 White Wine은 투명한 호박색을 띠며 잘 숙성된 Red Wine은 영롱한 루비색을 띤다. 따라서 Wine Tasting을 할 때에는 Wine의 색을 감상할 수 있도록 깨끗하고 투명한 Glass를 사용해야 한다.

색의 선명도와 광택은 포도 자체의 질, 양조기술 및 양조 후의 저장관리 기술 등의 우수함을 말하는 것이며, 질이 좋지 않은 포도의 색은 변색, 퇴화된 갈색으로 둔탁해 보이고 산뜻하지 않다.

2) Aroma(향기)

잔을 흔들어 향기를 맡는다. Wine은 단순하게 포도 자체에서 포도 품종에서 나오는 고유의 Aroma(아로마)향과 오크통과 병 속에서 숙성할 때 오랜 숙성기간 동안 자연적으로 자아내어 빚어진 멋진 방향, 오묘한 Bouquet(부케)향이 어우러져 은은한 향기가 난다. 따라서 Wine Glass도 이러한 향을 즐길 수 있는 깊은 원형 잔이 좋다.

좋은 부케는 품위가 있고 청순도가 높다. 코의 향기는 물론 입에 머금고 나서도 입안에 오랫동안 그윽하게 퍼진다.

Bouquet(부케)

질 좋은 포도주에서 숙성되어 감에 따라 일어나는 향미로, 포도주를 마실 때 혀와 목구멍으로 느끼는 향기이며, Aroma와 함께 반드시 Wine에서만 사용하는 용어이다.

3) Taste(맛)

한 모금을 삼켜 입안에서 굴린다. White Wine의 경우 단맛과 신맛이 나며, Red Wine의 경우 떫은맛과 단맛, 신맛 등이 함께 조화를 이루어 깊은 감칠맛이 나야 한다.

Wine의 맛

- 산미(신맛) : 포도즙 속의 주석산(신맛이 강)과 사과산(순한 맛이 강)이 혼합된 영향
- 떫은맛 : 과피와 씨에 다량 함유된 타닌의 영향(타닌은 청징, 살균작용을 하며 방부제 역할로 숙성기간도 길고 장기 보관 가능)
- Wine의 맛이 '가볍다(Light Body)', '무겁다(Full Body)'고 하는 것은 주로 포도 품종에 따라 함유하고 있는 당분함량, 타닌함량, 그리고 산도 등에 의해 좌우된다. 이러한 함량이 높을 때 '무겁다'라고 하며, 반대로 이러한 함량이 낮을 때 '가볍다'라는 표현을 한다.

다. Tasting 권유 요령

- 선택한 Wine의 Label을 보여드린다.
- Glass의 1/3까지 따라 시음을 유도한다.
- 만족 여부를 확인한 후 Glass의 2/3까지 따른다.

13. Wine과 음식의 조화

가. 서양식에서 Wine의 역할

Wine의 알코올 성분은 위를 적당히 자극시켜 식욕을 촉진시켜 주며, 육류가 주류를 이루는 서양식에서 Wine의 맛은 음식의 지방분을 없애주고 혀를 긴장시켜 신선한 맛을 되찾아준다.

나. Wine과 요리의 조화

혀에서 코로 빠져 나오는 향과 풍미에서 느끼는 맛의 조화이다. 즉 잘 생각해서 선택한 한 접시의 요리와 그에 딱 맞는 최상의 포도주에 중점을 둔다.

1) 일반적인 조화

- Red Meat류 : Red Wine
- 굴이나 새우, 생선요리, White Meat : White Wine

2) 특징적인 조화

- 생선에도 붉은 소스를 사용한 요리에는 Red Wine이 어울리는 경우가 많으며, 육류 중에도 송아지고기, 닭고기, 돼지고기처럼 살이 흰 것에는 Dry한 White Wine이 어울린다.
- 요리의 Sauce 등에 Wine을 사용한 경우, 같은 타입의 Wine을 마시는 것이 좋다.
- 과일이나 푸딩같이 단 음식에는 Sweet한 Wine이, 달지 않은 음식에는 Dry한 Wine이 어울린다.
- '프랑스 요리에는 프랑스 Wine, 이탈리아 요리에는 이탈리아 Wine' 하는 식으로 그 지방의 요리는 그곳에서 생산된 Wine이 잘 어울린다.

와인과 음식의 조화

와인과 음식을 조화시키는 기본 원칙은 서로 맛을 압도하지 않아야 한다는 것이다. '육류에는 레드와인, 생선에는 화이트와인'이란 상식도 요리의 양념이나 곁들인 다른 식재료가 와인의 맛과 향을 해치면 일반적인 조화라고 볼 수 없다.

3) 식사 Course와의 조화

서양식의 Course별 식사가 Light - Heavy - Light, 또는 Dry - Sweet로 진행되는 특성에 따라 Wine이 함께 조화를 이루도록 감안해야 한다.

- White에서 Red로
- Dry에서 Sweet로
- 엷은 맛(Light Body)에서 짙은 맛(Full Body)으로
- 숙성이 덜된 것(Young)에서 오래된 것(Old)으로

다. Wine과 어울리지 않는 음식

- Vinegar를 사용한 Dressing을 곁들인 Salad
- 산이 포함된 과일 : Grapefruit, Orange, Lemon 등
- 고등어와 같이 기름기가 많은 생선
- 달걀이 많이 들어간 요리 : 노른자의 황(Sulfur) 성분은 Wine의 향을 느낄 수 없게 한다.

Table Manner

- 와인 주문은 주최자가 해도 되나 동석자 중 Wine에 대해 잘 아는 사람에게 조언을 구해도 무방하다. Wine Breathing을 위한 시간을 고려하여 미리 Order한다.
- Sommelier(와인전문가)는 주문한 요리에 맞는 Wine의 추천은 물론 일반적인 음료나 주류에 대한 풍부한 지식으로 자문 역할을 하는 사람을 말한다.
- 주문된 Wine은 주최자가 맛보는 Wine Tasting을 하게 되는데 Waiter나 지배인이 방금 Open 한 Wine을 Glass에 조금 따라주면 주최자는 Wine의 색을 보고 향기를 맡은 후 혓바닥에 굴리듯이 시음을 한다.
- 이상이 없으면 "좋습니다"라고 Wine Tasting를 끝내며 Waiter는 곧 주최자부터 순서대로 Wine을 따르기 시작한다.
- Wine을 따라줄 때 Glass를 잡거나 들어 올리지 않으며, 사양할 경우 Glass 위에 가볍게 손가락을 얹어 표시한다.
- 마실 때는 손가락 끝으로 Stem을 잡는다.
- Glass 위치는 항상 제자리에 두어 옆 사람과 혼동되지 않도록 한다. 마시기 전에 입가에 기름기를 닦도록 하며, 여성은 마신 후에도 Glass에 묻은 Lip Stick을 살짝 닦도록 한다.
- 음식이 입 속에 있을 때 마시거나, 단숨에 마시지 않으며 식사 도중 조금씩 마신다.

제2절 Champagne

> 봄철 따뜻한 날씨에 지난해에 빚어 마개를 해 두었던 White Wine이 '펑' 하고 폭발하여 별이 쏟아지는 듯 넘쳐흐르는 것을 목격하게 된다. 이것은 포도주의 Yeast(이스트)가 2차 발효를 하던 중 높은 온도의 영향을 받아 탄산가스가 저절로 발생했기 때문이었다. 베네딕틴 파의 수도사였던 돔 페리뇽(Dom Pérignon)은 우연한 이 사건을 유심히 관찰하여 궁극에는 거품을 보존하는 White Wine인 Champagne을 탄생시켰다.
> 이처럼 여러 종류의 포도주를 섞어서 발효해 보다가 별처럼 반짝이고 물방울처럼 튀는 별난 포도주를 발견하였는데, 1690년 '별들'이라고 명명한 이 포도주가 샴페인의 원조이다.

1. Champagne의 특성

천연 발포성 Wine 중 프랑스 Champagne(샹파뉴) 지방에서 생산되는 제품만을 의미한다. Sweet한 것에서부터 Dry한 것까지 여러 가지 맛이 있으며 식전주를 비롯해 어떤 음식과도 잘 어울리고 제조과정이 까다로워 값이 비싸다. Cocktail의 경우 Buck Fizz, Kir Royal 등의 Base로 사용된다.

2. Champagne의 제조과정

가. 포도 수확

9월 말이나 10월 초에 주로 이루어진다.

나. 1차 발효

사용하는 포도 품종 중 적포도가 많기 때문에, 가능한 한 껍질에서 색소가 우러나오지 않도록 빠른 시간 내에 과즙을 짜내 발효시킨다.

다. 혼합(Cuvée)

회사 고유의 Champagne의 맛을 내기 위해 다른 Wine과 Blending한다.

라. 1차 병입

혼합된 Wine에 재발효를 일으키기 위해 1차 발효된 액을 각각의 병에 담고 가스 발생을 유도하기 위해 미량의 당과 효모를 투입하여 뚜껑을 막는다.

마. 2차 발효

Champagne의 생명인 탄산가스를 생성하기 위해 병입한 채로 시원한 곳에서(15도 이하) 2차 발효시킨다.

바. 숙성

2차 발효가 끝나면 온도가 좀 더 낮은 곳으로(10도 이하) 옮겨서 병숙성시킨다. 이때 Wine은 이스트의 찌꺼기와 접촉하면서 Champagne 특유의 향을 얻게 되는데 최소 1년 이상 숙성기간을 갖도록 법적으로 정해져 있다.

사. 앙금 빼기

이 과정까지 만든 Wine은 Champagne으로서 손색이 없지만 찌꺼기가 남아 있어서 상품성은 없다. 따라서 옆으로 뉘어 숙성시킨 Wine을 거꾸로 세워 병을 회전시키면 찌꺼기가 병 입구로 모이게 되는데, 약 6~8주가 지난 후 병 입구를 순간냉동시킨 후 가스의 유출을 적게 하며 찌꺼기를 제거한다.

아. 밀봉

Cork로 병을 막고 Wire로 고정시킨다.

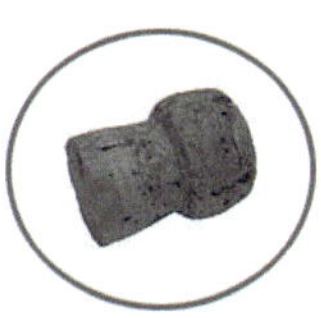

- **Punt(펀트)**

  Champagne은 내부가 6기압이나 되므로 압력을 분산시키기 위해 병 밑에 Punt를 만들고 병 자체도 압력에 견디기 위해 두껍게 제조된다. 또한 Cork의 모양도 일반 Wine과는 다르다.

3. Champagne Label의 이해

① 샴페인명(샤를 에드시크)
② 생산지역(랭스)
③ 용량
④ 알코올 함유량(12%)
⑤ 브뤼(드라이)

Champagne Label의 예

가. 당도와 관련된 용어

- Brut(브뤼) : 당도 1.5% 이하로 '자연 그대로'란 의미
- Sec(섹) : Dry, 당도 1.7~3.5%
- Demi Sec(드미 섹) : 당도 3.5~5%
- Doux(두) : Sweet, 당도 5% 이상

나. 포도 품종과 관련된 용어

1) Blanc de Blancs(블랑 드 블랑)

'White of White' 즉 청포도로 만든 White Wine이라는 뜻으로 샹파뉴 지방에서는 Chardonnay(샤르도네)로 만든다.

2) Blanc de Noirs(블랑 드 누아)

'White of Black' 즉 적포도로 만든 Champagne이란 뜻으로 샹파뉴 지방에서는 Pinot Noir(피노 누아)로 만든다.

다. Vintage

1) Champagne Vintage

잘 익고 당도가 충분히 함유된 포도가 생산된 해의 포도로 만들며 Label에 생산연도가 표시된다.

2) Non Vintage

좋은 포도가 생산되지 않았을 때에는 미리 만들어 둔 Champagne으로 Blending하여 생산하며, 대부분의 Champagne은 생산연도가 표시되지 않은 Non Vintage이다.

4. Champagne을 마실 때의 온도

가. 온도

Champagne의 맛은 온도가 중요하다. White Wine보다 더 차게 하여 마시나 너무 차면 향과 맛을 느낄 수 없으므로 유의해야 한다.

- 적정온도 : 4~6도

나. Chilling 방법

Champagne은 병이 두꺼우므로 마시기 20~30분 전쯤 물과 얼음을 넣은 Bucket에 넣어 두는 것이 좋다.

5. Champagne Open 요령

Champagne은 가스를 함유하고 있으므로 병을 Open하는 것이 위험할 수도 있다. 따라서 Cork를 딸 때에는 조심스럽게 취급하여 Open해야 한다.

① 한 손가락으로 Cork를 누르면서 마개를 덮고 있는 금박을 제거한다.

② 한 손가락으로 Cork를 누르면서 묶인 철사(Wire Net)를 푼다.

③ 한 손으로 병을 꽉 잡고 다른 한 손으로 Cork를 감싸면서 소리 나지 않도록 천천히 돌린다.

제3절 Beer

> 맥주는 청량감을 더해주는 하얀 거품과 함께 누구나 부담 없이 즐길 수 있는 세계 어디서나 가장 인기 있는 술이라고 할 수 있다.
> 어원은 음료라는 뜻을 가진 Latin어의 'Biber'에서 유래하였다.
> 맥주는 오래전부터 인간이 즐겼던 음료로 맥주에 대한 가장 오래된 기록은 B.C. 3000년경의 것으로 메소포타미아의 점토판에 맥주를 만드는 방법이 기록되어 있다. 또한 고대 이집트에서도 피라미드를 건설할 때 맥주와 마늘을 공급했다는 이야기가 전해져 온다.

1. Beer의 특성

가. 영양분이 많은 음료이다

탄수화물, 단백질, 비타민, 그리고 미네랄 등 많은 영양분을 함유하고 있어 서양에서는 '액체 빵'이라고 하여 일종의 식량으로 생각해 왔다.

나. 품질의 차이가 별로 없다

타입이 같으면 만드는 방법도 거의 비슷하며, 특별히 Type이 틀리지 않는 한 맛의 차이도 별로 없다.

다. 알코올 농도가 낮다

알코올 농도가 4~6도로 낮으며 탄산가스의 청량감으로 인하여 대중적인 인기를 얻고 있다.

2. Beer의 제조

맥주는 양조주이며 맥주 제조 시 중요한 것은 다음과 같은 요소들이다.

가. 물

맥주를 만드는 데 있어서 물이 85% 이상의 비중을 차지하며, 맥주의 품질에 큰 영향을 미친다. 물은 맑고 무색무취해야 하며, 알칼리의 농도는 50% 이하여야 한다.

유명한 맥주 지역인 체코의 Pilsen(필젠), 독일의 München(뮌헨)은 맥주 제조에 특별히 알맞은 물을 갖고 있다.

나. Barley Malt(맥아)

말 그대로 보리에 싹이 튼 것이며 맥주의 제조에 있어서 빠져서는 안될 주원료이다.

이 싹이 튼 보리는 왕성한 당화효소가 많이 들어가 있기 때문에 다른 녹말질 원료를 쉽게 분해시켜 당분으로 변화시킨다.

다. Hop(호프)

맥아와 함께 맥주의 제조에 있어서 역시 빠져서는 안될 중요한 원료로 뽕나무과의 암수가 다른 덩굴성 식물의 꽃으로 암그루에 핀 꽃이 발육된 것이다.

호프는 맥주 특유의 향기와 쓴맛을 갖게 해주며, 잡균의 번식을 방지해 저장성을 높여준다.

3. Beer의 종류

맥주의 발효형태에 따라 다음과 같이 분류된다.

가. Bottom Fermentation Beer(하면발효맥주)

세계 맥주 생산량의 대부분을 차지하며 저온에서 발효시킨 맥주이다.

1) Lager Beer

보편적인 병맥주로서 오래 저장할 수 있는, 향미가 좋은 맥주이다. 제조 후 저온 살균하여 효모의 활동을 중지시킨 후 병이나 Can에 넣어 오랜 기간 저장할 수 있도록 만든 것이다.

2) Pilsen(필젠) Type Beer

담백하고 산뜻한 맛과 쓴맛이 강한 맥주이다.

3) München(뮌헨) Type Beer

맥아의 향기가 짙은 대표적인 흑맥주이다.

나. Top Fermentation Beer(상면발효맥주)

고온에서 발효시킨 맥주이다.

1) Staut(스타우트) Beer

색깔이 진하고 알코올 함량(8~11도)이 높은 흑맥주이다. 색깔이 매우 검고 다소 탄 냄새가 나는 강한 맥아 향을 갖고 있다.

2) Ale(에일) Beer

Lager Beer보다 호프와의 접촉시간을 길게 하여 호프 냄새가 강하고 쓴맛이 나는 맥주이다.

다. 기타 맥주

1) Draft Beer

살균하지 않은 생맥주이기 때문에 신선한 풍미가 살아 있지만 저온에서 운반, 저장해야 하며 빨리 소비해야 한다.

2) Light Beer

알코올 농도가 낮은 저알코올 맥주와 당도가 낮은 저칼로리 맥주를 의미한다.

3) Super Dry Beer

보통 병맥주가 4도인 데 비하여 알코올 도수 5도의 단맛이 거의 없는 담백한 맥주로 일본의 아사히 맥주가 처음 시판하였다.

4. Beer를 즐기는 방법

가. 차게 해서 마신다

맥주는 탄산가스의 청량감을 즐길 수 있도록 차게 해서 마시는 것이 상식이나, 너무 차게 하면 맛을 제대로 느낄 수 없고, 온도가 너무 높으면 맥주의 탄산가스가 모두 증발해 버리고 거품이 너무 많이 나오므로 적당히 차게 해서 마셔야 한다. 적정 온도는 6~8도이다.

나. 거품과 함께 마신다

맥주의 생명은 '거품'이다. 거품은 탄산가스의 유출을 방지하며 신선한 맛을 유지시켜 주는 역할을 하므로 맥주는 거품과 함께 마신다.

제4절 Whisky

'생명의 물'이란 뜻의 고대 Kelt어 Usky가 변하여 오늘날 Whisky 또는 Whiskey로 변하였다. 인간과 술의 역사에서 보면 Whisky는 Wine이나 Beer에 비하여 비교적 새로운 술이다. Whisky의 기원은 짙은 안개에 싸여 있다. 위스키는 동방의 증류기술이 중세 십자군 전쟁을 통해 서양에 전달된 후에 생겨났으며 일반적으로 위스키는 스코틀랜드에서 생겼다고 하지만 아일랜드에서 처음 시작되어 스코틀랜드에서 화려한 꽃을 피웠다. 아일랜드에서 위스키 제조법을 가르친 성 패트릭은 잉글랜드에서 태어났으며 오랜 세월을 프랑스에서 보냈으므로 그 제조기술은 잉글랜드나 프랑스에서 왔다는 말이 성립되는 것이다.

1. Whisky의 특성

가. 대표적인 증류주이다

Whisky는 곡물을 발효시킨 양조주를 증류하여 만든다.

나. Oak통 속에서 숙성을 거치는 술이다

Whisky는 반드시 Oak통 숙성을 거쳐야 하며 숙성기간 중 나무통의 성분이 우러나와 술은 호박색이 되고 향미가 좋아지게 된다.

같은 증류주인 진이나 보드카는 원칙적으로 통에서 숙성시키지 않는 반면, 위스키는 곡물(보리)을 발효시킨 양조주를 증류하여 얻어낸 맑고 깨끗한 술을 나무통에 넣어서 오래 숙성시킨 것이다. 위스키는 처음 증류하여 얻어낸 술의 성격보다는 나무통에서 숙성되는 동안 제습을 갖추는 술이라고 할 수 있다. 때문에 나무통 숙성과정이 없으면 위스키라고 할 수 없으며 나무통은 위스키가 탄생할 수 있는 영양분을 공급하는 모태가 된다.

다. 생산지별로 고유의 풍미와 특성을 갖고 있다

Whisky는 생산지별로 각각 독특한 맛과 향의 개성을 가지고 있어 각 나라별로 다양한 Whisky가 만들어지고 있다.

2. Whisky의 제조 및 종류

위스키는 현재 수많은 나라에서 만들어지고 있으나 산지에 따라 품질과 성격이 크게 다르다. 위스키의 원료가 되는 곡물은 장거리 수송이 가능하고, 장기간 저장도 가능하기 때문에 그 원료의 생산이 적거나 원료가 전혀 생산되지 않는 나라에서도 위스키를 만드는 방법만 익히면 얼마든지 만들 수 있다. 그러나 명주라고 평가될 만한 위스키가 만들어지기 위해서 가장 중요한 것은 그 나라의 풍토이다. 아무리 원료가 좋다고 해도 위스키 제조과정의 제반사항을 보면 풍토의 영향이 크다는 것을 알 수 있다. 현재 위스키의 대표적 산지는 스코틀랜드, 아일랜드, 미국, 캐나다 등이다.

가. Scotch Whisky

영국 북부 스코틀랜드, 깨끗한 자연과 천혜의 기후를 갖는 이 지방에서 생산되는 위스키를 스카치 위스키라 한다. 위스키의 대명사로 불리며 세계적으로 가장 인기 있는 스카치 위스키는 스코틀랜드 지방의 깨끗한 물, 기온, 습도, 토양의 네 가지 조건이 뛰어난 데서 기인한다. 스카치 위스키는 만드는 방법에 따라 세 가지 종류로 나뉜다.

1) Malt Whisky

Malt Whisky는 Grain Whisky와 Blending하여 Blended Whisky를 제조할 때 풍미의 핵심이 되는 Whisky로 가장 순수한 Whisky라고 할 수 있다.

Malt Whisky는 맥아만을 사용해서 만들며, 특히 맥아 건조 시 사용하는 Peat(피트)라는 석탄을 태워 그 연기와 열풍으로 건조시켰기 때문에 강한 연기 냄새가 나는 것이 특징이며, 맛이 중후하고 짙은 독특한 개성을 가진 Whisky이다.

- Glenfiddich
- 제조과정
  ① 맥아의 생성과 제조
  ② 맥아의 건조

③ 당화 및 발효 : 발효 후 알코올 농도 약 7~8도의 호프 없는 맥주가 된다.

④ 증류 : 전통적인 단식 증류기에 의해 천천히 증류된다.

⑤ 숙성 : Oak통 속에서 최저 3년 숙성되며 이때 Whisky 특유의 향미를 갖게 된다.

Malt Whisky의 가장 특징적인 공정으로 맥아 건조 시 피트(Peat)를 사용하여 그 연기와 열풍으로 맥아를 건조하는데 이때 맥아는 건조되면서 피트 특유의 타는 듯한 냄새를 갖게 된다.

Peat(피트)

스코틀랜드 초원에 퍼져 있는 풀, 히스(Heath)가 습지대에 퇴적되어 반 탄화된 것으로 무연탄에 비해 열량이 낮다. 연소 시 강한 자극성 연기를 내며 연료로는 적합하지 않으나 Scotch Whisky의 풍미에 가장 중요한 영향을 미치고 있다.

2) Grain Whisky

주로 Malt Whisky와 혼합하여 Blended Whisky를 만드는 데 사용되며, 일반 곡물을 원료로 사용한다. Grain Whisky만 단독으로 판매하는 경우는 드물다.

옥수수 등을 주원료로 사용하고, 소량의 맥아를 첨가해서 당화시킨 것을 발효하여 증류시킨 것이다. 증류할 때는 연속식 증류장치를 사용하여 맛이나 향이 거의 없는 위스키이다. 이것은 몰트 위스키와 혼합하기 위한 목적으로 만들어지며 보통 3년 정도 숙성한다.

3) Blended Whisky

우리가 마시는 위스키의 대부분이 여기에 속하며 몰트 위스키와 그레인 위스키를 혼합한 것이다. 배합비율에 따라 맛이 천차만별이기 때문에 회사마다의 노하우인 배합비율은 공식적으로 밝히지 않는다.

Malt Whisky는 그 풍미가 독특하여 일부 사람에게는 거부감을 주는 경우도 있으나 Grain Whisky와 Blending되면 맛이 부드러워진다.

Scotch Whisky가 세계적인 명성을 얻게 된 것도 바로 이러한 Blended Whisky가 탄생했기 때문이다.

- Chivas Regal, Jonnnie Walker(Blue)

나. American Whisky

미국 위스키의 으뜸은 American Whisky의 대명사로 불리는 옥수수로 만든 Bourbon Whisky(버번 위스키)이다. 18C 후반 미국의 초기 위스키는 라이보리를 원료로 만들기 시작했으며 옥수수를 원료로 위스키가 만들어진 것은 독립 정부에서 위스키에 대한 세금을 과중하게 부과하자 이에 반발한 스코틀랜드계 아일랜드인이 동부에서 켄터키주로 이전한 후부터이다. 이로써 켄터키주 Bourbon지방에서 옥수수를 원료로 하여 만든 것이 시초가 되었으며, 원래 Bourbon Whisky의 정의는 재료로 사용하는 옥수수 함량이 51% 이상인 것만을 의미한다.

흔히 American Whisky와 Bourbon Whisky를 같은 종류로 생각하는 경우가 있으나 Bourbon Whisky는 American Whisky의 한 종류이며, Bourbon Whisky 이외에도 많은 종류의 Whisky가 있다.

- Old Grand Dad, Jack Daniel, Jim Beam

Tennessee Whisky

원료 면에서 Bourbon Whisky와 동일하나 Tennessee에서 생산되는 목탄으로 여과되는 특수한 공정을 거친다. 이 목탄을 통과하면 부드러운 맛을 지닌 술이 되는데 통상 Bourbon Whisky와 구별하여 고급주로 취급된다.

- Jack Daniel's

Scotland와 Canada에서는 Whisky란 철자를 사용하고 있으며 미국이나 아일랜드에서는 단어에 'e'를 붙여 Whiskey로 사용하고 있다.

American Whisky를 제조과정에 따라 분류하면 다음과 같이 세 종류로 나눌 수 있다.

1) Straight Whisky

증류 시 원료로 쓰이는 곡물의 특성을 그대로 살리도록 낮은 도수로 증류한다. 알코올 도수 80도 이하로 여기에는 Bourbon, Tennessee, Rye, Corn, 그리고

Wheat Whisky 등이 속한다.

2) Light Whisky

증류 시 높은 알코올 농도로 증류하여 특성이 없는 중성 알코올에 가깝다. 원료의 풍미가 약한 Whisky를 제조하기 위해 만든다.

3) Blended Whisky

Straight Whisky에 중성 알코올 또는 Light Whisky를 혼합하여 만든다.

다. Canadian Whisky

캐나다는 양질의 보리와 밀이 많이 생산되며 깨끗한 하천이 많아 위스키 생산에 좋은 조건을 갖추고 있다. Canadian Whisky의 맛은 부드러움에 있다. 주원료는 향미가 강한 Rye(호밀)로 만든 Whisky와 깨끗한 맛의 옥수수로 만든 Whisky를 섞어서 특유의 부드럽고 경쾌한 Whisky를 만들고 있다.

위스키가 캐나다에서 증류되기 시작한 것은 카브리해에서 당밀을 수입해 '럼'을 만들 때부터이다. 초기에는 라이보리로 만든 라이위스키로서 꽤 중후한 맛을 가지고 있었으나 19세기 중반 영국에서 연속식 증류장치가 도입되면서 옥수수를 상당량 사용한 경쾌한 위스키가 등장하였다. 캐나디안 위스키는 경쾌하고 산뜻한 풍미를 가진 부드러운 위스키의 전형적인 모습이라고 할 수 있다.

- Canadian Club

라. Irish Whisky

영국의 서쪽에 있는 아일랜드 지방에서 생산되는 위스키를 말하며 우리에게는 아이리시 위스키라는 이름으로 낯익은 위스키이다. 아일랜드는 위스키의 발생지로 알려져 있는데 1172년 잉글랜드의 헨리 2세가 이 섬을 정복했을 때, 증류한 독한 술을 마시고 있었다고 전한 것이 위스키에 관련된 가장 오래된 이야기이다.

아일랜드 위스키의 원료는 주로 맥아와 보리만을 고집하며 진한 피트향을 유지하면서 증류하고 통에서 장기간 숙성시킨다. 통 속에서의 숙성기간은 7년이 보통이며 명주로 인정되는 것은 10~12년간 숙성시킨 것으로 무겁고 진한 전통적인 위스키의 맛을 지닌다.

전통을 고수하는 아일랜드 위스키는 1970년대 수출용으로 위스키를 제조하면서 아이리시 위스키 맛이 차츰 변하고 있다. 즉 현재는 옥수수도 조금씩 첨가해 연속식 증류장치를 이용하여 위스키를 블렌딩하기 때문에 맛과 향이 진하지 않다. 따라서 아이리시 위스키는 두 가지로 제조되는데 아일랜드에서 소비되는 진한 향기와 중후한 맛의 위스키와 수출용으로 만드는 가볍고 부드러운 맛과 향의 위스키가 그것이다.

- Middleton

3. Whisky를 즐기는 방법

가. Straight

Whisky는 강한 개성으로 인하여 Straight로 많이 마신다. Straight로 마실 때 가장 애호되는 종류가 Malt Whisky이며 Whisky 특유의 풍미를 만끽할 수 있다.

나. On the Rocks

Whisky는 얼음만 넣어 마시기도 하며 On the Rocks로 마실 때는 주로 Blended Whisky가 이용된다.

다. Cocktail

Manhattan, Whisky Sour, Bourbon Coke 등의 Base로 사용된다.

제5절 Brandy

> 네덜란드어 Brandewijin(Burned Wine : 태운 와인, 즉 증류한 Wine)이란 뜻에서 유래되었다. 즉 Brandywine이 Brandy로 변한 것이다.
> Brandy는 지금으로부터 700년 전 프랑스의 어느 연금술사에 의해 탄생되었다. 어느 날 이 연금술사는 비금속을 황금으로 바꾸려는 일에 몰두, 실패를 거듭하게 된다. 낙담한 끝에 평소 즐기던 Wine에 만취되어 분풀이로 연금술 도가니에 남은 Wine을 부어버리게 된다. 그러자 고온의 도가니 속에서 열을 받아 기화한 Wine은 나선관을 통해 응축된 액체로 변모되었다. 연금술사는 이 액체의 냄새를 맡아보고 마셔본 다음 'Aqua Vitae(생명의 물)'라고 외치게 된다. 그러나 처음에 이 '생명의 물'은 술이라기보다는 각성제로 쓰였으며 오늘날 Brandy의 용도로 마시기까지는 한참을 기다려야 했다.

1. Brandy의 특성

가. 증류주이다

사과, 포도 등 과일의 발효액을 증류시킨 것으로서 포도 Brandy, 사과 Brandy 등으로 부를 수 있다. 그러나 포도 Brandy의 질이 가장 우수하고 가장 많이 생산되기 때문에 일반적으로 Brandy 하면 포도 Brandy를 말한다. 와인을 증류해서 얻게 된다.

나. 식후주로 애용된다.

2. Brandy의 제조

가. Wine 양조

먼저 Wine을 만든다.

나. 증류

발효가 끝난 Wine을 증류하여 50~70% 정도의 알코올을 가진 액체를 만든다.

다. 숙성(Aging)

증류가 끝난 Wine을 Oak통에 넣어 숙성시키는 과정으로 나무통에서 타닌 등의 성분이 나와 색깔이 진해지고 Brandy 고유의 향을 얻게 된다.

라. Blending

숙성이 끝난 후 전문가가 자기 회사 고유의 독특한 맛을 지속시키기 위해 Brandy액끼리 서로 Blending하고 알코올 농도를 맞추어 제품으로 내놓게 된다.

3. Brandy의 명산지

Brandy는 Wine이 생산되는 곳이면 어디서나 만들 수 있다. Wine으로 유명한 프랑스와 이탈리아 그리고 스페인 등에서 Brandy를 만들기 시작했지만 프랑스의 명성에 가려 나머지 지역은 세계 시장에 진출하는 경우가 극히 드물다. Wine과 마찬가지로 Brandy도 프랑스의 명주이다.

가. Cognac(코냑) 지방

프랑스 Cognac 지방에서 생산되는 Brandy만을 Cognac이라고 한다.

- Martell, Hennessy, Camus, Bisquit, Remy Martin, Otard, Courvoisier

나. Armagnac(아르마냑) 지방

프랑스 Armagnac 지방에서 생산되는 Brandy를 Armagnac이라고 한다.

- Chabot

다. Calvados(칼바도스) 지방

프랑스 북부 노르망디에 있는 Calvados 지역의 특산물로서 사과로 만든 Brandy를 Calvados라 한다.

4. Brandy Label의 이해

가. 숙성기간

Brandy는 Label에 숙성기간을 표시하는 것으로 유명하지만, 회사별로 그 의미가 같지 않다. 관련 법규에 의하면 숙성연도 표시는 의무 규정이 아니므로 최소 숙성기간만 만족시키면 된다.

나. Label에 표시된 용어

Cognac은 숙성기간에 따라 등급을 정해 놓고 그 등급을 상표에 표시해 놓는 것이 특징이다. 즉 다음과 같이 숙성기간을 표기하며, 등급에 따라 가격차이가 많이 난다.

- ★★★ : 숙성기간 3년
- V.O(Very Old) : 숙성기간 3~5년
- V.S.O(Very Superior Old) : 숙성기간 12~15년
- V.S.O.P(Very Superior Old Pale) : 숙성기간 15~20년
- X.O(Extra Old) : 숙성기간 30~50년
- Napoléon : 숙성기간의 의미보다는 '특제품'의 의미가 크며, 자사제품 중 자신 있는 최상의 제품에만 붙인다.

Pale

가짜 Brandy가 성행하면서, 증류한 새 술에 캐러멜을 넣어 색을 내었으나 색깔이 흐려지므로, 순수한 Brandy를 만드는 업자가 이 차이점을 강조하기 위해 Pale(맑다)이라는 표시를 하여 진짜 Brandy임을 증명하였다.

5. Brandy를 즐기는 방법

- 식사가 완전히 끝난 후 식후주로 많이 애용된다. 식후에 마실 때에는 Brandy 특유의 향을 즐길 수 있도록 입구가 좁고 배가 부른 Tulip 모양의 잔에 담아(1oz 정도) 마신다.
- Cocktail용으로는 많이 쓰이지 않는 편이다.
- Coffee에 넣어서 마시기도 하고 특히 요리에 많이 쓰인다.

제6절 Gin, Vodka, Rum, Campari

1. Gin

> Gin은 프랑스어 Genievre(Juniperberry, 주니에브르)에서 유래하였으며 Genever(게네베르)로 되었다가 Gin으로 변했다.
> 네덜란드에서 처음 만들어졌으며 원래 이뇨, 해열 등의 치료에 쓰이던 약용 술이었으나 값이 싸고 냄새가 좋아 주로 '하층민의 술'로서 사랑받았다.

가. Gin의 특성

Gin은 Whisky나 Brandy와 같은 증류주이지만 성격을 살펴보면 큰 차이가 있다.

1) 증류주인 동시에 혼성주이다

증류주에 Juniper Berry(노간주나무 열매)의 향미를 추출, 혼합하여 제조된다.

2) 숙성시키지 않는 술이다

Whisky나 Brandy는 숙성에 의해 향미가 개선되는 술이지만, Gin은 숙성이 필요 없는 인공적인 술이다.

3) 약용으로 쓰이던 술이다

처음에는 이뇨효과가 있다고 밝혀진 Juniper Berry를 알코올에 넣고 증류하여 약용으로 판매하였으나, 그 산뜻한 냄새로 인하여 술로써 애용되었다.

나. Gin의 종류

Gin은 그 탄생과 성장배경에 따라 여러 가지 Type이 있으나 그중에서 London Dry Gin이 가장 유명하다.

1) Dry Gin

Dutch Gin에 비하여 향미가 약하고 맛이 부드럽다. Cocktail용으로 쓰인다.

- Beefeater

2) Dutch Gin

향미가 강하고 묵직한 맛을 가진다. 향미가 너무 강하기 때문에 Cocktail용으로 쓰이지 않고 Straight로 마신다.

- Holland Gin, Geneva Gin

다. Gin의 제조

1) 발효

호밀, 대맥, 옥수수 등을 원료로 하여 발효시킨다.

2) 증류

Dutch Gin은 낮은 알코올 도수로 증류되어 원료의 풍미가 강하게 나고 Dry Gin은 높은 알코올 도수로 증류되어 원료의 풍미가 약하고 맛이 부드럽게 된다.

3) Juniperberry(두송실) 성분의 첨가

Juniperberry를 넣고 다시 증류하여 성분이 배어 나오도록 한다.

라. Gin을 즐기는 방법

Gin은 Straight로 마시기도 하지만 Cocktail의 부재료로 쓰이기 시작하면서 폭발적인 인기를 얻게 되었다.

1) Straight

Holland Gin은 향미가 강해 Straight로 마신다.

2) Cocktail

Dry Gin은 Cocktail의 재료로 쓰이기 시작하면서 애용되기 시작했다. 유명한 Dry Martini를 비롯하여, Tom Collins, Gin Fizz 등 각종 Cocktail의 Base로 쓰인다.

2. Vodka

> Vodka의 어원은 '생명의 물'이라는 말에서 나온 '물'의 러시아어 'Voda'가 변했다는 설과, 라틴어의 생명의 물(Aqua Vitae)에서 Aqua가 러시아어로 바뀌었다는 설이 있다. Vodka는 Russia와 Poland에서 발달된 술로서 귀족들이 즐겨 마셨으며 Caviar, Salmon 등과 함께 Apéritif로도 즐겨 마셨다.

가. Vodka의 특성

① 감자를 포함하여 여러 가지 곡류를 이용하여 만든 증류주로 증류 후 활성탄에 여과한 술이다.

② 숙성과정을 거치지 않기 때문에 생산비가 저렴하다.

③ 무색투명하고, 냄새도 없는 특성 때문에 Cocktail의 재료로도 널리 사용된다.

- Stolichnaya, Smirnoff

나. Vodka의 제조

1) 발효

옥수수, 밀, 보리 그리고 감자 등을 원료로 하여 발효시킨다.

2) 증류

높은 알코올 농도로 증류한다.

3) 여과

목탄층에 통과시켜서 알코올에 있는 냄새를 완전히 제거시켜 무색무취의 알코올을 얻어낸다. 목탄 즉 나무로 만든 숯은 냄새와 색깔을 흡착하는 성질을 가지고 있어 이 목탄을 통과하면 알코올에 있는 냄새가 완전히 제거된다.

4) 저장

무색, 무취, 무향의 특성 때문에 저장용기도 재질의 영향을 받지 않도록 Stainless 통을 사용한다.

다. Vodka를 즐기는 방법

1) Straight

1950년도까지만 해도 Vodka는 러시아를 비롯한 동유럽 소수의 사람들만 애용하였다. 맛이 강한 Appetizer와 함께 Freezing시켜 소량(1oz)으로 마시는 것이 전통적인 방식이다.

2) Cocktail

무색무취한 특성 때문에 어떤 종류의 술과도 잘 어울리므로 많은 Cocktail의 Base로 사용된다.

- Screw Driver, Bloody Mary 등

3. Rum

> 흥분을 뜻하는 'Rumbullion'에서 'Rum'이라는 앞 단어만 남은 것이라고 추측된다. 현재 영어에는 'Rumbustious'라는 형용사만 남아 있다.
> 서인도제도가 원산지인 Rum은 배에서 생활하던 사람들이 즐겨 마시던 술로서 '해적술'로도 유명하다. 이렇게 일부 특수층에게만 알려져 있던 이러한 술들은 사람들의 왕래가 잦아지고 지역 간 교류가 활발해짐에 따라 점차 일반인에게도 알려지기 시작했으며, 20세기 초 미국에서 탄생한 Cocktail의 Base로 쓰이기 시작하면서 대중적인 음료로서 확고부동한 위치를 차지하게 되었다.

가. Rum의 특성

1) Rum은 사탕수수에서 얻은 당밀을 원료로 하여 만든 증류주이다

사탕수수 산지인 중앙아메리카의 서인도제도에서 많이 생산하고 있다.

2) 생산지역에 따라 종류가 다양하다

밝은색이 나고 향미가 약한 것에서부터 짙은 색에 코를 찌르는 강한 향미를 가진 것까지 여러 가지가 있다.

3) 용도가 다양하다

Rum은 특유의 향미를 가지고 있어 Straight로 많이 마시며, 또한 다른 재료와 쉽게 섞이는 특성 때문에 Cocktail의 재료로도 널리 사용되고 있다.

- Bacardi

나. Rum의 제조

1) 당밀의 추출

사탕수수를 압착하여 당밀을 얻는다.

2) 발효

당밀을 발효시킬 때는 주로 자연발효를 유도하는데 이때 Rum 특유의 향기가 형성된다.

3) 착색

증류한 후 설탕을 태워서 만든 Caramel(캐러멜)을 이용하여 원하는 대로 여러 가지 색을 낼 수 있다.

4) 저장

Oak통에 넣어서 수년간 저장한 후에 마신다.

다. Rum을 즐기는 방법

① Straight
② Cocktail : Rum Coke, Mai Tai, Pina Colada 등의 Base로 쓰인다.
③ On the Rocks
④ 7-Up, Orange Juice 등과 함께 마시기도 한다.
⑤ Martini를 만들 때 Gin 대용으로 쓰이기도 한다.

4. Campari

> 캄파리(Campari)는 이탈리아의 유명한 리큐어로 그 어원은 창시자의 이름에서 따왔다. 대표적인 식전주 가운데 하나인 캄파리는 강한 오렌지향이 쌉쌀하며 주로 지중해성 기후의 지역에서 마신다. 나른해지던 몸이 높은 알코올 도수의 오렌지향을 느끼며 깨어나기 때문이다. 따라서 같은 프랑스 내에서 캄파리를 주문한다 해도 남부의 칸에서는 멋쟁이로, 건조하고 서늘한 파리에서는 어설픈 관광객으로 비쳐지게 된다. 환경에 의해 생긴 습관의 차이다.

가. Campari의 특성

1) 쓴맛이 난다

Campari는 붉은색 Bitters의 일종으로, Bitters의 주된 특징은 쓴맛이 난다는 것이다.

2) 혼성주이다

증류주에 과일, 씨앗, 꽃, 식물의 뿌리나 줄기 등으로부터 향미를 추출하여 혼합한 혼성주이다.

3) 제조법이 비밀에 붙여지고 있다

Campari는 세계적으로 이탈리아가 가장 유명하다. Wine에 쓴 오렌지 껍질, Coriander(미나리과 식물) 등을 혼합하여 만든다고 알려져 있으나, 'David Campari' 회사를 제외하고는 아무도 비법을 모른다고 한다.

나. Campari를 즐기는 방법

1) Apéritif

쓴맛과 향기로 인하여 식전주로 많이 마신다.

2) Cocktail

Campari & Soda는 Campari를 Base로 하는 Cocktail 중 가장 유명하다.

제7절 Liqueur(Cordial)

라틴어의 Liquefacere(To Dissolve : 녹이다)에서 유래되었다.
Liqueur의 발명자는 고대 그리스의 성인 히포크라테스가 쇠약한 병자에게 힘을 주기 위해 약초를 Wine에 녹여서 물약을 만들었다고 하며, 이것이 Liqueur의 기원이라 전해지고 있다. 또한 중세에는 알코올에 식물의 뿌리나 열매, 그리고 껍질 등을 넣어 만든 음료가 유행했고 의사들은 약용효과가 있는 식물의 성분을 추출하기 위해 알코올에 용해시켰다. 당시에 Liqueur는 술이 아니라 약이었다.
19C부터는 여러 가지 Liqueur가 나오게 되고 의학이 발달됨에 따라 좀 더 미학적인 가치를 추구하는 아름다운 색깔과 향을 지닌 음료로 발전하게 되었다.

1. Liqueur(리큐르)의 특성

Liqueur는 혼성주의 일종으로 증류주를 서로 섞거나 재증류하고 여러 가지 약초, 식물의 뿌리, 꽃, 씨앗 등을 용해하여 향미가 나도록 한 것이다.

원래는 중세 유럽에서 만병통치의 의약용으로 발명된 특이한 역사를 가지고 있다. 다른 증류주와는 달리 단맛을 가지고 있는 것이 특징이며 Cordial이라 부르기도 한다.

2. Liqueur의 종류

가. Bénédictine(베네딕틴)

Brandy에 나무뿌리, 약초, 설탕을 첨가하여 만든다. 프랑스의 대표적인 Liqueur로서 Bénédictine 수도원에서 만들어진 것으로 유명하다.

Label에 있는 D.O.M.(Deo Optimo Maximo)은 '최대 최선의 신에게 바친다'라는 뜻으로 Bénédictine은 수도사들에게 하루의 피로를 푸는 훌륭한 강장제의 용도로 쓰였다고 한다.

나. Cointreau(쿠앵트로)

엄선된 Orange로부터 Essence를 뽑아 고급 Brandy와 섞어 만든다. 처음에는 Cointreau Triple Sec이라고 불렸다가 Cointreau가 되었다.

다. Grand Marnier(그랑 마니에르)

Cognac에 Orange 과피, 여러 가지 약초를 혼합해서 만든다. 4년 숙성된 Cognac에 아이티(Haiti)산 Orange 껍질을 배합하여 Oak통 속에서 숙성시킨다.

라. Drambuie(드람브이)

Scotch Whisky에 벌꿀, 약초 등을 첨가해 만든다. Drambuie는 고대 그리스어로 '사람을 만족시키는 음료'라는 뜻이라고 한다.

마. Crème de Menthe(크렘 드 망트)

증류주에 박하를 주원료로 하여 여러 가지 약초류를 혼합하여 만든다. 'Crème de'는 '최상의'라는 뜻이다. 많은 Liqueur의 이름에 자주 쓰이는 표현이다.

바. Crème de Cassis(크렘 드 카시스)

'까치밥나무열매'로 만든 Liqueur로서 약간 신맛이 난다. Kir, Kir Royal 등의 Cocktail의 Base로 많이 쓰인다.

사. Baileys(베일리스)

Irish Whisky와 Cream de Cacao를 혼합해 만든다. 알코올 농도가 17%로서 Straight 또는 On the Rocks로 마시며 Baileys Parfait, Baileys Shake, Baileys Coffee 등의 부드러운 맛으로 특히 여성들에게 인기 있는 Liqueur이기도 하다.

3. Liqueur를 즐기는 방법

가. 식후주

비교적 알코올 성분이 강하고 설탕이나 향료가 함유되어 있어 식후주로 가장 널리 애용된다.

나. Cocktail

Kir, Kir Royal, B&B 등 Cocktail의 재료로 사용된다.

비알코올 음료

03

비알코올 음료(Non-Alcoholic Beverage)는 물, 커피, 차, 우유, 주스, 탄산음료 등 알코올이 함유되지 않은 모든 음료를 총칭한다.

제1절 청량음료(Soft Drink)

1. 탄산음료

가. 탄산음료의 특성

청량감을 주는 탄산가스가 함유된 천연 광천수로 만들어지는 음료로, 음료수에 천연 또는 인공의 감미료를 함유시킨 것과 천연과즙에 탄산가스를 함유시켜 만드는 것이 있다.

나. 탄산음료의 종류

1) Soda Water

탄산가스를 포함한 천연 광천수와 인공적인 제품이 있다. 소화제로 마시기도 하고, Whisky, Gin, Campari 등과 배합하여 Cocktail을 만든다.

2) Ginger Ale

생강의 향을 함유한 소다수로서 식욕 증진이나 소화제로 효과가 있다. Gin이나 Brandy와 배합하여 Cocktail을 만들기도 한다.

3) Tonic Water

영국에서 처음 개발한 무색투명한 음료이다. Lemon, Lime, Orange, Quinine(키니네), 과피 등으로 엑기스를 만들어 당분을 배합하여 만든다. 칵테일 제조 시 믹서로 이용되며 레몬과 잘 어울린다. 열대지방 사람들은 식욕 증진과 원기 회복을 돕는 강장제 음료로 Gin과 섞어 마시기도 한다.

4) 7-Up

사과를 발효해서 제조한 일종의 과실주로서 알코올 성분이 1~6% 정도 함유되어 있는 청량음료이나, 현재는 과일향과 당분을 가미한 탄산음료이다.

5) Cola

주원료는 열대지방에서 나는 Cola 열매이며, Cola 엑기스에 물을 섞고 각종 향료를 넣은 후 탄산가스를 함유시켜 만든다.

2. 비탄산음료

탄산가스가 함유되지 않은 음료를 말하며 Mineral Water(광천수)가 있다.

Mineral Water(광천수)

칼륨, 인, 칼슘, 마그네슘, 철 등 무기질이 함유되어 있는 것을 말하며, 자연수와 인공수가 있다. 유럽에서는 지하수의 질이 좋지 않아 이러한 광천수를 음료로 사용하고 있다. Evian(에비앙), Perrier(페리에) 등

제2절 영양음료(Nutritious Drink)

1. 영양음료의 특성

인체에 필요한 여러 가지 영양분을 공급해 주는 천연과즙이나 유제품을 의미한다.

2. 영양음료의 종류

가. Juice류

Lemon, Lime, Orange, Grape, Pineapple, Grapefruit, Apple Juice 등이 있다.

나. Milk류

Natural Milk, Skim Milk, Fortified Milk 등이 있다.

제3절 기호음료(Favorite Drink)

1. 기호음료의 특성

기호음료는 Caffeine을 함유한 음료로서 영양가보다는 그 깊은 맛으로 인하여 생활의 멋과 삶의 여유를 갖게 하는 현대인의 음료이다.

2. 기호음료의 종류

가. Coffee류

1) Coffee의 특성

Coffee는 쓴맛, 단맛, 떫은맛 등이 조화되어 미묘한 쾌감을 주는 기호음료로서 Caffeine, Tannin 등의 성분으로 구성되어 있으며, 그중 Caffeine은 장의 활동에 자극을 주어 식사의 마지막에 마시는 음료로서 적합하다.

2) Coffee의 제조

- Roast Coffee : Coffee의 향을 내기 위해서 원두를 볶아 만든 Coffee이다. 가루를 내어 여과시켜 만든다.
- Decaffeinated Coffee : Coffee를 볶기 전에 97% 정도의 Caffeine을 제거시켜 만든다.
- Instant Coffee : 분무 건조나 동결 건조하여 뽑아낸 Coffee이다. Coffee 가루에 물을 부어 마신다.

3) Coffee의 Menu

- Demitasse(데미타스) : 저녁식사 후 마시기 좋은 Coffee로 보통 Coffee보다

강한 맛을 가진다. 우유나 크림을 넣지 않으며 설탕을 넣지 않고 마시기도 한다.

- Vienna Coffee : Coffee잔에 거품을 낸 크림과 설탕을 넣고 뜨거운 Coffee를 붓는다.
- Espresso(에스프레소) Coffee : 이탈리아 Coffee로 유럽에서 많이 이용한다. 커피를 완전히 가루로 만들어 에스프레소 커피기구에서 여과한 후 크림을 넣지 않고 설탕, 레몬과 같이 마신다.
- Coffee Cappuccino(카푸치노) : 에스프레소 Coffee와 동량의 뜨거운 우유를 넣고 계핏가루를 조금 뿌려준다.
- Café au Lait(카페오레) : France의 밀크 Coffee이다. Coffee를 보통보다 두 배 강하게 하여, 동량의 우유를 데워서 한 Coffee 잔에 붓는다.
- Irish Coffee : 뜨거운 Coffee에 Irish Whisky와 설탕을 섞어 Coffee 잔에 담고 위에 거품 낸 크림을 얹는다. Hot Cocktail로 유명하다.
- Iced Coffee : 뜨거운 Coffee를 얼음이 가득 담긴 유리컵에 부어, 차게 해서 마신다. 설탕이나 시럽을 넣고 마시며 Rum이나 Brandy를 섞어 거품 낸 크림을 얹기도 한다.

4) Coffee를 즐기는 방법

Coffee를 마실 때 물의 적정온도는 섭씨 85~95도이며 설탕과 커피크림을 가미했을 때 60~65도가 적당하다. 물의 온도가 85도 이하일 때 Cream을 넣어야 단백질의 응고를 막을 수 있다.

Cream과 같이 마실 때 Cream은 액상, 분말 등 종류에 관계없이 설탕을 먼저 넣고 저은 후에 넣는다.

Coffee를 금속성 용기에 담아 마실 경우 Coffee가 금속성의 용기와 산화작용을 일으켜 제맛을 잃게 되므로 Coffee의 용기는 도기류나 유리제품을 쓰는 것이 좋다. Coffee Cup의 온도 유지도 상당히 중요하다.

나. Tea류

1) Tea의 특성

차나무의 어린잎을 따서 가공한 제품이나 음료 자체를 말하는 것으로 중국에서는 'Cha', 우리나라는 '차', 영어로는 'Tea'라 한다.

그윽한 맛으로 삶의 여유를 더하는 것 외에도 노화방지, 항암효과의 효능을 가진 것으로 알려져 있다.

2) Tea의 종류

차는 모두 차나무에서 나오지만 찻잎의 발효 정도에 따라 홍차, 우롱차, 녹차로 나누어진다. 이는 본래 같은 것으로 단지 만드는 방법에 따라 다음과 같이 구분된다.

- 홍차(Black Tea) : 홍차는 잎을 끓이지 않고 말려서 잎의 천연효소작용에 의해 발효시키면 차의 색이 검은색으로 변하고 향료도 변화하여 특별한 향기를 낸다.
- 우롱차(Oolong Tea) : 우롱차는 중간 발효과정에서 멈추게 하여 잎을 반만 발효시킨 것으로 잎은 부분적으로 갈색 또는 녹색을 띤다.
- 녹차(Green Tea) : 녹차는 잎을 끓여서 발효를 방지함으로써 녹색을 유지하게 한 것이다. 발효되지 않은 것으로 잎이 녹색 그대로이며, 끓이면 색깔이 아주 엷게 된다.

3) Tea를 즐기는 방법

물의 온도는 70~75도 정도가 적당하다. Cream은 홍차의 향을 감소시키므로 사용하지 않으며, Fresh Milk를 데워서 사용한다.

4) 차의 서비스 방법

차는 특유한 풍미를 잃지 않도록 끓일 때나 서비스할 때 세심한 주의를 요한다. 고객의 기호에 따라 레몬을 넣기도 하고 우유를 넣기도 하는데 레몬은 과즙에 포함된 향기와 풍미가 잘 조화되며 밀크를 넣으면 떫은맛(타닌)의 강한 맛을 제거시켜 부드러운 맛으로 변하게 한다. 이와 같이 차를 서브할 때에는 고객의 기호에 따라 제공해야 하며 서비스는 커피의 제공방법과 유사하다.

Table Manner

- Cup의 손잡이가 왼쪽으로 놓여 있을 경우 손잡이를 앞쪽으로 돌려 오른쪽으로 향하게 하여 마신다. 사용한 Spoon은 접시의 반대편에 위를 향하도록 놓는다.
- Cup 받침 접시(Saucer)는 손으로 잡거나 들지 않도록 한다.
- 설탕이나 Cream은 기호에 따라 넣되 튀지 않도록 낮은 위치에서 넣는다. 뜨겁더라도 입으로 불어 식혀서는 안되며, 후룩후룩 소리를 내며 마시지 않는다.

Cocktail

04

제1절 Cocktail의 특성과 기본요소

Cocktail(꼬리)의 유래에 대해서 뚜렷한 정설은 없다. Cocktail의 영어 풀이는 Cock(수탉)의 Tail(꼬리)이다. 그래서 수탉의 깃으로 장식한 Glass에서 왔다는 설과 영국에서는 술잔에 넘쳐흐르는 술의 모양이 수탉의 꼬리를 연상시킨다는 뜻에서 나온 말이란 설이 있다. '코크텔(Coquetel)'이라고 불리는 Wine Glass에서 유래되었다는 설도 있다.
그러나 무엇보다도 오늘의 Cocktail이 있게 된 것은 미국의 금주법 시대에 단속을 피해 술에 주스를 타고 장식을 달아 일반음료처럼 보이도록 한 데서 비롯되었다고 한다. 당시 유럽 대륙에서만 해도 전통적인 술에 다른 것을 섞는다는 것은 상상도 할 수 없는 일이었기 때문이다. 다른 재료들끼리의 혼합으로 빚어지는 맛과 색의 조화로움은 곧 선풍적인 인기를 몰고 와 전 세계적인 사랑을 받는 대중적인 음료로서 확고부동한 위치를 차지하기에 이르렀고 오늘날은 모든 혼합주를 칵테일이라 부르고 있다.

1. Cocktail의 특성

칵테일이란 두 가지 이상의 술을 섞거나 부재료를 혼합해서 마시는 알코올 음료로 알코올 도수가 낮아 식욕을 증진시켜 주는 식전주로 적합하다. 맛, 향기, 색채의 조화로 분위기를 창출하는 예술품이라고 할 수 있다.

식전주는 양식에서는 일반화되어 있으므로, 양식당에서 식전주로 자신있게 주문할 Cocktail류를 생각해 놓는 것이 바람직하다. Cocktail의 경우 약하게 마시되 두 잔 이상은 마시지 않도록 한다.

2. Cocktail의 기본 요소

가. Base

Cocktail의 기본이 되는 Liquor를 의미한다.

나. Mixer

Cocktail의 Base와 섞이는 음료로서 Soda Water, Ginger Ale, Tonic Water 등을 주로 사용한다.

다. Garnish

Cocktail의 맛을 더하거나 돋보이게 하기 위해 장식하는 것으로 Lemon, Orange, Olive, Cherry, Pineapple 등을 사용한다.

라. Seasoning

칵테일의 종류에 따라 Tabasco Sauce, Worcestershire Sauce, Pepper, Salt 등의 양념을 말한다.

제2절 Cocktail의 제조

1. Cocktail 제조 기본 용어

가. Oz(온스)

Ounce의 의미이며 약 30ml이다.

나. Stir

젓는 것

다. Strain

액체만 따라 내는 것

라. Straight

얼음 없이 마시는 방법

마. On the Rocks

얼음과 함께 마시는 방법

바. Float

비중이 다른 두 가지 이상의 음료를 섞이지 않도록 층을 만들어 띄우는 방법

- B&B

사. Chaser

술을 쫓아가듯 마신다는 데서 생긴 말로 입가심 음료를 말한다. Straight로 마실 때 반드시 함께 마시며 Water, Soda, Ginger Ale 등을 주로 마신다.

아. Fizz

탄산가스가 액체에서 떨어져 나갈 때 나는 '피익' 하는 소리에서 비롯된 의성어로 주로 증류주에 Soda를 희석한 Cocktail에 많이 쓰이는 용어이다.

자. Sour

'신맛'의 의미로 증류주를 Base로 하여 신맛과 소량의 단맛을 가미한 후 과일로 장식하는 Cocktail에 주로 쓰이는 용어이다.

2. Cocktail 제조 기본 방법

가. Blending

Cocktail 재료에 과일이나 달걀이 포함되어 있을 경우 재료를 잘게 부순 얼음과 함께 Blender에 넣어 혼합하는 방법이다. Blending은 서리가 이는 듯한 차가운 맛을 준다.

나. Stirring

Stirring에 사용되는 얼음은 네모난 단단한 얼음을 사용한다. Glass에 재료를 넣어 천천히 젓는 방법으로 발포성 음료와 함께 저을 경우 조심스럽게 짧게 저어야 기포가 일지 않는다.

다. Shaking

Cocktail 재료를 Shaker에 넣어 민첩하고 힘차게 흔들어 혼합한다.

라. Floating

비중이 다른 재료를 무거운 것부터 차례로 가만히 부어 층을 형성하도록 하는 방법이다. B&B, Irish Coffee 등의 Cocktail 제조 시에 사용되는 방법이다.

3. Cocktail 제조 시 유의사항

- Cocktail은 항상 차게(4~6도) 만든다.
- On the Rocks는 2oz 정도, Straight는 1oz 정도가 적당한 양이다.
- Straight로 만들 때는 Chaser를 함께 준비한다.
- Mixer가 발포성일 경우에 너무 많이 젓지 않는다.
- 얼음을 넣은 Cocktail은 Muddler를 같이 준비한다.
- 얼음은 깨끗하고 단단한 것을 사용해야 하며 녹은 얼음은 Cocktail을 묽게 하므로 쓰지 않도록 한다.
- Garnish를 이용하여 장식의 효과를 주되, 마르지 않은 것을 써야 한다.
- 설탕이 들어가는 Cocktail은 충분히 저어 녹인 후에 얼음을 넣는다.

4. Cocktail Decoration

'Cocktail은 눈으로 마신다'는 말이 있을 정도로 마시는 즐거움 못지않게 시각적인 즐거움도 중요한 몫을 차지한다. 어떤 재료로 어떻게 장식하느냐에 따라 Cocktail의 멋과 품위가 크게 달라지는 것이다.

가. Decoration 방법

1) Olive

- Olive는 Cocktail용과 요리용이 있는데 Stuffed Olive가 Cocktail용이다.
- Olive는 Cocktail Pick을 꽂아 Cocktail 속에 넣는다.

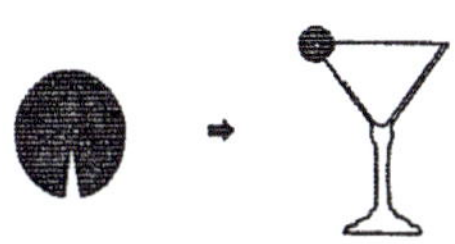

2) Cherry

- Cherry에 칼집을 내어 Glass의 가장자리에 꽂는다.

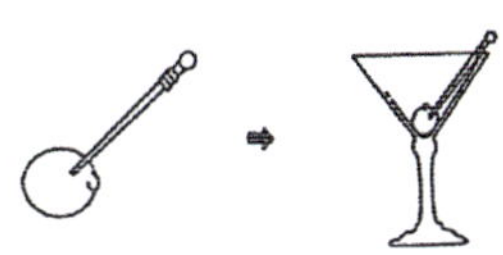

3) Lemon, Orange

① Lemon 또는 Orange Slice 반쪽에 길이로 칼집을 내어 Glass 가장자리에 꽂는다.

② Lemon 또는 Orange Slice 반쪽에 칼집을 내어 Glass 가장자리에 꽂는다.

③ Lemon 또는 Orange Slice 반경만큼 칼집을 내어 Glass 가장자리에 꽂는다.

④ Lemon Slice의 반과 Red Cherry 한 개를 Cocktail Pick에 꽂아 Slice 속에 넣는다.

⑤ Lemon 또는 Orange 1/8 Cut의 알맹이와 껍질 사이를 윗부분만 조금 남기고 칼집을 내어 Glass 가장자리에 껍질은 밖으로 알맹이는 안으로 가게 장식한다.

⑥ Lemon 또는 Orange 1/8 Cut을 Glass에 맞게 자국을 내어 Glass 가장자리에 꽂는다.

4) Celery

- 신선한 것으로 골라 길이로 자른다. 여분의 잎을 정리하여 Glass에 꽂는다.

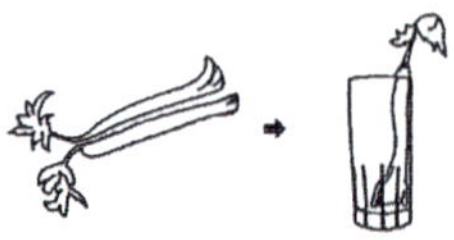

5) Pineapple

- 적당한 두께로 잘라 껍질을 버리고 1/8로 자른다. 길이로 칼집을 낸다. Cocktail Pick으로 Red Cherry를 장식한다.

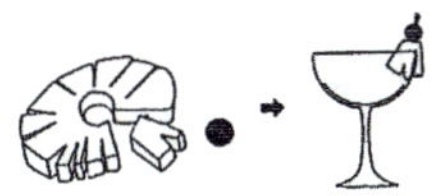

- 옆으로 반으로 잘라 또 길이로 가늘고 길게 자른 후, Glass에 맞춰 칼집을 낸다.
Cocktail Pick으로 Red Cherry를 장식한다.

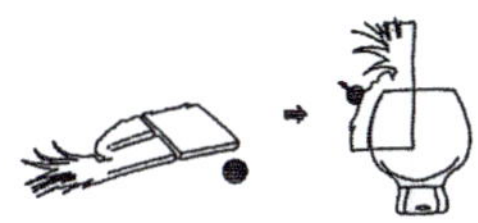

제3절 Cocktail의 종류

1. Whisky Base Cocktail

가. Whisky Sour

Blended Whisky를 Base로 하며 Lemon Juice를 넣고 Lemon Slice와 Cherry로 장식한다.

나. Manhattan

Bourbon Whisky를 Base로 하며 Sweet Vermouth를 넣고 Cherry로 장식한다.

다. Bourbon Coke

Bourbon Whisky를 Base로 하며 Coke를 는다.

2. Gin Base Cocktail

가. Martini

Dry Vermouth를 섞고 Olive로 장식한다.

나. Orange Blossom

Orange Juice를 넣고 설탕을 섞은 후 얼음을 넣고 차게 해서 Strain한다.

다. Gin Fizz

Lemon Juice에 설탕과 얼음을 넣고 차게 해서 Strain한 다음 Soda를 넣는다.

3. Vodka Base Cocktail

가. Bloody Mary

Tomato Juice를 섞고 Worcestershire Sauce, Hot Sauce, Salt, Pepper를 첨가한 다음 Lemon Slice로 장식한다.

나. Screw Driver

Orange Juice를 섞고 Orange Slice로 장식한다.

4. Champagne Base Cocktail

가. Buck Fizz

Orange Juice를 먼저 넣고 Champagne을 채운다.

나. Kir Royal

Crème de Cassis를 먼저 넣고 Champagne을 채운다.

5. Liqueur Base Cocktail

가. B&B

Bénédictine을 먼저 따르고 Brandy를 섞이지 않도록 위에 조심스럽게 부어 띄운다.

6. 기타

가. Rum Coke

Rum을 Base로 Cock를 채운다.

나. Kir

Crème de Cassis를 먼저 넣고 White Wine을 채운다.

Name	Ice	Base	Mixer	Garnish	Mixing
Manhattan	○	Bourbon Whisky 1.5oz	Sweet Vermouth 0.7oz	Cherry	Straight로 주문 시 W/G에 Strain한다.
Whisky Sour		Blended Whisky 1.5oz	Lemon/J 0.3oz	Lemon/S Cherry	Sugar 1T/S을 넣고 잘 저은 후, 얼음을 넣고 차게 하여 W/G에 Strain한다.
Gin Fizz	○	Gin 1.5oz	Lemon/J 0.3oz Soda Water	Lemon/S	Sugar 1T/S을 넣고 잘 저은 후, 얼음을 넣고 차게 하여 얼음 3~4개를 넣은 Glass에 Strain한 후 소다수를 채운다.
Gin Tonic	○	Gin 1.5oz	Tonic	Lemon/S	Stir
Martini	○	Gin 1.5oz	Dry Vermouth 0.7oz	Olive	Dry는 Gin 분량을 늘리고 Straight는 W/G에 Strain 한다.
Orange Blossom	○	Gin 1.5oz	Orange/J 1.5oz	-	Sugar 1/2T/S을 넣고 잘 저은 후 얼음을 넣고 차게 하여 W/G에 Strain한다.
Tom Collins	○	Gin 1.5oz	Lemon/J 0.3oz Soda Water	Lemon/S Cherry	Sugar 1T/S을 넣고 잘 저은 후 얼음을 넣고 차게 하여 얼음 3~4개를 넣은 Glass에 Strain한 후 소다수를 채운다.

Name	Ice	Base	Mixer	Garnish	Mixing
Bloody Mary	○	Vodka 1.5oz	Tomato/J	Lemon/S	Worcestershire Sauce와 Hot Sauce 2~3방울, Salt, Pepper를 첨가하여 Stir한다.
Screw Driver	○	Vodka 1.5oz	Orange/J	Orange/S	Stir
Kir Royal		Champagne 8T/S	Crème de Cassis 1T/S	-	Crème de Cassis와 Champagne을 1 : 8의 비율로 채운다.
Buck Fizz		Champagne 2.5oz	Orange/J 2.5oz	Orange/S	Orange/J를 먼저 넣고 Champagne으로 채운다.
Campary Soda	○	Campari 1.5oz	Soda Water	-	Stir
Arise My Love		Crème de Menthe 1T/S	Champagne	Cherry	-
B&B		Bénédictine Brandy 각각 0.5oz	-	-	Bénédictine을 먼저 따르고 Brandy를 섞이지 않도록 조심스럽게 따른다(Float).
Angel's Smile	○	Baileys 1oz Cointreau 0.5oz	Orange/J	Orange & Cherry	Ice를 먼저 넣고 Baileys와 Cointreau를 따른 다음 Glass의 8부까지 Orange/J를 부어 잘 젓는다.
Crème de Menthe Frappe	○	Crème de Menthe	-	-	잘게 깬 얼음으로 잔을 채우고 Crème de Menthe를 W/G의 2/3 정도 붓는다.
Kir		Crème de Cassis 1T/S	Burgundy White Wine 8T/S	-	Crème de Cassis와 White Burgundy를 1 : 8의 비율로 채운다.

- J : Juice
- S : Slice
- T/S : Tea Spoon
- W/G : Wine Glass

Cabin Food & Beverage Service

PART

3

항공기내식음료의 이해

기내식음료서비스의 개요

01

제1절 기내식음료서비스

기내식음료는 승객의 항공사 서비스에 대한 이미지와 깊은 연관이 있으며, 수준 높고 세련된 기내식음료서비스는 전체적인 항공사 서비스의 질을 좌우하는 역할을 한다.

항공사 간 경쟁이 점차 과열되면서 새로운 아이디어로 물적 서비스의 차별화와 고급화 전략으로 승객을 유치하려는 움직임이 활발해지고 있다. 이에 따라 항공사들은 승객에게 새로운 물적 서비스를 제공하는 데 주력하고 있으며, 이 중 비행기 내에서 승객에게 제공되는 기내식음료서비스가 그 초점의 대상이 되고 있다. 국내외 항공사들은 차별화된 기내식 서비스로 승객의 만족도를 높이는 데 주력하고 있다.

기내식은 1919년 8월 런던~파리 사이의 정기항공노선에서 샌드위치, 과일, 초콜릿 등을 종이상자에 담아 승객에게 제공한 것이 효시가 되었다.

항공운수업 초기에는 비행기 안의 시설이 빈약하여 대개 중간 기착지의 공항식당에서 승객에게 식사를 제공하였으나, 항공기 산업의 발달과 더불어 기체가 대형화되고 장거리를 장시간 운항하게 됨으로써 기내식 제공시설도 개발되었다. 그리하여 오늘날에는 지상에서의 호화로운 레스토랑의 다양한 메뉴와 고품질 식음료를 하늘에서 제공하는 서비스가 가능하게 되었다. 과거 좌석등급과 노선의 길이에 따라 규격화되고 일관된 메뉴로 제공되던 기내식음료는 최근 고급화·차별화로 가장 경쟁하는 부분이라고 할 수 있다.

국내에 취항하는 외국 항공사들도 국내 승객의 비중도를 감안하여 고추장을 곁들인 한식메뉴를 제공하고 있으며, 국적 항공사들은 기내용으로 개발한 고급화된 음식을 경쟁적으로 서비스하고 있다. 항공사별로 웰빙 열풍에 발맞춰 기내식에 건강과 관련된 음식이 다양하게 개발되어 제공되는 등 각 항공사는 자사 고유의 이미지를 살리고 호감도를 높이기 위해 차별화된 기내서비스를 제공하기 위해 지속적으로 노력하고 있다.

국내 항공사 관계자는 "결국 여행객들이 기억하는 것은 비싼 항공요금이 아니라 기내식 등 기내서비스"라며 "좋은 여건을 제공하는 만큼 여행객들의 발길을 더 많이 이끌 수 있을 것"이라고 자신한다. 호텔 요리사 출신인 어느 외국 항공사 기내식 담당자는 "일등석이 비싸긴 하지만 결국 승객들이 두고두고 기억하는 것은 비싼 요금이 아니라 훌륭한 요리와 음료의 감동"이라면서 고급 기내식이 승객들을 끌어들여 매출 증대로 이어지고 있다고 밝힌 바 있다.

비용을 절감하여 수익을 창출하는 저비용항공사들도 늘어나는 추세이기는 하나, 한편 최고급 기내식을 앞세워 더 많은 손님을 끌어들여 수익을 극대화하는 항공사도 많다.

제2절 기내식음료의 특징

기내식은 주로 서양식이 주종을 이루나 양식 외에도 항공사에 따라 운항 노선의 특성에 맞게 기내식으로 개발한 한식, 일식, 중국식 및 기타 현지 메뉴도 제공되며, 비행 구간 및 시간, 객실 등급에 따라 서비스 내용이 다르다. 또 승객이 예약 때 주문하는 종교, 건강, 기호에 따른 특별식과 어린이를 위한 다양한 유아식도 제공된다.

기내식의 특징은 제한된 좁은 공간이라는 항공기의 조건 때문에 승객의 운동부족으로 인한 소화장애나 고칼로식으로 인한 비만 등을 방지하기 위하여, 소화가 잘되고 흡수되기 쉬운 저칼로리 식품으로 구성된다는 점이다. 실제 기내식 한 끼 총열량(칼로리)은 대략 700~900kcal로 1일 권장칼로리가 20~49세 한국 남성은 2,500kcal, 여성은 2,000kcal이란 점을 감안하면 약간 낮은 편이다.

또한 기내는 지상보다 기압이 낮아 감각이 떨어져서 혀의 감각 또한 지상에서보다 무뎌지고, 압력이 낮아지면서 위장 안 공기도 평소보다 20% 부풀게 된다. 뱃속에 가스가 차면 소화도 안되고 식욕도 떨어지므로 가스를 많이 만드는 탄산음료나 맥주 등을 적게 섭취해야 좋다.

기내식음료서비스에는 좁은 공간에서 무리 없는 서비스가 가능하도록 알맞게 고안, 제작된 식기류나 운반구가 사용된다. 지상의 일반 음식점과는 달리 기내식은 항공기 운항 계획에 맞추어 지상의 음식공장에서 미리 조리된 음식을 정해진 그릇에 담아, 잠시 저장하였다가 항공기 출발시간에 맞추어 기내에 싣고, 알맞은 시간에 기내 주방에서 재조리하여 승객에게 제공된다.

제3절 기내식음료의 제조와 관리

1. 기내식음료의 제조 및 탑재

현재 국내에는 국내외 항공사가 수십 개 취항하고 있지만, 그렇다고 수십 개의 기내식 제조업체가 있는 것은 아니다. 국내 항공사의 경우에는 자체적으로 기내식 제조업체를 운영하고 있으며, 한국에서 출발하는 외국 항공사들은 국내 기내식 사업체에서 만든 기내식을 제공한다. 국내공항을 이용하는 외국 항공사에서는 가격이나 품질, 기타 서비스 조건을 비교하여 국내에 있는 기내식 업체를 선정해 납품받고 있다.

반대로 국내 항공사가 해외에서 서울로 돌아올 경우에는 현지 공항의 기내식 제조업체에서 기내식을 만들고 있다. 그렇기 때문에 같은 항공사라 해도 출발지에 따라 맛이 다를 수밖에 없다. 즉 파리에서 출발한 대한항공 비빔밥은 프랑스 사람이 만든 비빔밥이 된다. 그러나 '달걀지단을 몇 mm 길이, 두께로 자른다', '콩나물은 섭씨 몇 도씨 물에 몇 분 익힌다' 등 꼼꼼한 매뉴얼에 따라 음식을 만들게 되므로 맛의 차이는 그리 크지 않다.

기내식의 메뉴는 불특정 다수 승객들의 건강과 기호를 고려하고 식상감을 최소화시키기 위해 적정 Cycle(약 3~4개월 주기)마다 비행노선의 특성을 감안, 승객 취향에 맞도록 조정하여 변경된다.

각 항공사마다 기내식음료는 승객들의 다양한 기호에 부합되는 식음료를 계획, 구입, 관리, 제조, 공급 등을 전담하는 기내식 제조회사에 의해 해당 비행기 편에 탑재된다.

엄선된 기내식음료는 대단위 승객 수를 감안하여 비행기의 탑재공간을 최소화시키고 효율적인 재활용을 위해 항공사마다 고유의 이미지를 살려 별도의 전용기물을 디자인, 제작하여 사용하고 있다.

그리고 이러한 기물은 음식을 담는 일인용 식기류에서부터 Tray(서빙용 쟁반), 이동식 Cart, Carrier Box 등 항공기내의 전용 서비스 기물 및 용기를 이용하여 항공기까지 운반되며, 항공기 내부의 주방인 Galley(갤리)에 탑재된다.

2. 기내식음료 관리

기내식은 위생이나 안전에 더욱 신경 써야 하고, 기내에서 바로 조리할 수 있도록 특별히 만들어야 하므로 식음료 관리가 매우 중요하다.

Galley(갤리, 주방)는 비행 중인 여객기에서 승객 및 승무원에게 제공되는 모든 종류의 기내식과 음료를 저장 및 준비하는 곳으로서 Oven, Coffee Maker, Water Boiler 등의 기본적인 주방시스템을 갖추고 있다. 또 지상에서부터 탑재된 기내식 Cart와 음료 Cart, 서비스물품 등을 각 Compartment 내에 보관할 수 있다.

기내식은 지상에서 미리 조리한 음식을 급속 냉각했다가 기내 갤리에 있는 항공기 엔진에서 발생하는 열을 이용한 오븐을 통해 다시 데운다. Galley(갤리)는 항상 위생상태를 청결하게 유지하고 기내식음료의 서비스를 전담하는 승무원들은 기내식음료서비스 시작 전에 손을 깨끗이 닦는 등 항상 위생에 대한 의식을 가지고 서비스에 임해야 한다.

비행 중 신선도가 필요한 모든 기내식음료는 항공기에 장착된 Chiller 장비를 이용하거나 Dry Ice를 이용하여 신선도를 유지한다. 탑재된 기내식음료를 뜨겁게 제공해야 하는 것은 뜨겁게 가열하거나 데워서 제공하고, 차갑게 제공해야 하는 것은 차갑게 Chilling하여 제공한다.

또 식음료 제공 때에도 각 클래스별로 정해진 기물, 기용품을 사용하여 준비하게 되며, 서비스 시작 전에 기물 및 기용품의 청결도 및 상태를 점검하여 사용하고, 다음 편수에 인수인계할 기물이나 기용품은 사용 후 세척하여 정위치에 보관한다.

Crew Meal(승무원 음식)

항공기 탑승 승무원은 승객과 같은 기내식을 먹는다. 그러나 기장과 부기장은 규정상 같은 요리를 먹으면 안된다. 한 사람이 닭고기요리를 먹으면 다른 사람은 쇠고기요리를 먹는 식이다. 이는 음식 알레르기나 식중독 등 만약의 불상사가 두 사람에게 동시에 일어나는 것을 막기 위해서이다.

제4절 기내식의 종류와 서비스

기내식은 제공되는 시간에 따라 조식, 조중식(아침 겸 점심), 중식, 석식, 경식 등으로 나뉘게 된다.

1. 기내식의 종류

가. Breakfast

일반석은 오믈렛, 간단한 빵, 과일류가 제공된다. 상위클래스는 American Breakfast Menu가 제공되며, 최근에는 한식메뉴(죽, 북엇국 등)가 일반석까지 확대되어 서비스되고 있다.

나. Brunch

Breakfast와 Lunch의 중간 Type으로 Breakfast와는 달리 Wine이 서비스되며 Main Dish로는 Beef, Fish, Poultry류도 서비스된다.

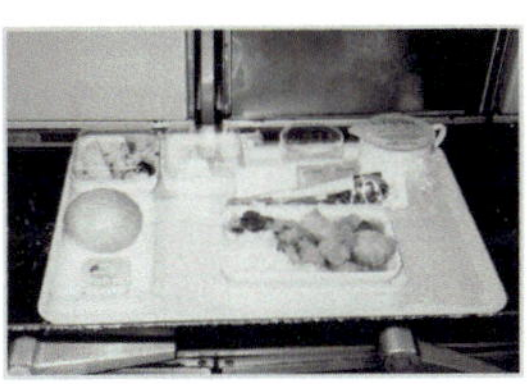

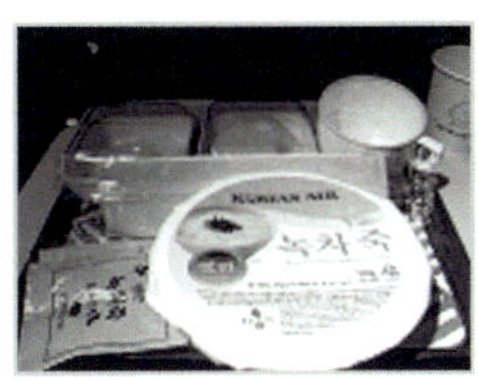

다. Lunch

상위클래스의 경우 Course별로 Presentation하여 À La Carte(일품요리)와 Table d'Hôte(정식)를 절충한 코스별 주문에 의해 서비스한다. 내국인 승객을 위해 한식(비빔밥 등)을 Main Dish로 제공하고 있다.

라. Dinner

상위클래스의 경우 Lunch와 비슷하게 Course별로 Presentation하여 코스별 승객의 주문에 의해 서비스하며, 내국인 승객을 위해 한식(꼬리곰탕, 도가니탕 등)이 제공된다.

마. Supper

Dinner와 비슷하나 라자니아, 스파게티 등 Dinner보다 간단한 Menu이다.

바. Snack

음식의 Volume에 따라 Heavy, Light로 나뉘며 Heavy Snack은 거의 Dinner Course에 준하는 Menu로 구성되어 있다.

사. Refreshment

장거리 구간에 간단한 죽, Sandwich 등 비교적 가볍고 간단한 음식들을 제공하고 있다.

기내식	기내식의 종류	약어	시간대
아침식사	Breakfast	BRF	05:00~09:00
늦은 아침	Brunch	BRCH	09:00~11:00
점심식사	Lunch	LCH	11:00~14:00
저녁식사	Dinner	DNR	18:00~22:00
중참	Supper	SPR	22:00~01:00
중참	Snack	SNX	기타 시간
(간식)	(Refreshment)	-	-

2. 제공 횟수

항공사별로 기내식 메뉴를 기획, 결정하는 담당부서에서 시간대, 총 비행시간, 주요 탑승객의 국적별 분포도 등 여러 가지 변수를 고려하여 메뉴를 선정하고 있다.

일반적으로 국제선은 3시간 이내의 짧은 노선일 경우 데우거나 조리하지 않아도 되는 샌드위치, 김밥과 같은 찬 음식이 주로 제공되고, 2시간 이상의 노선에서는 따뜻한 기내식이 제공된다.

비행시간이 7시간 이내일 경우 1회, 7시간 이상 12시간 이내일 경우 2회, 12시간 이상일 경우 3회의 기내식이 제공된다. 장거리 노선에서는 2회 식사 사이에 간식도 제공된다.

2회 이상 제공 시 첫 번째는 출발지 식사시간에 따르고, 두 번째부터는 도착지 식사시간에 맞추어 제공되는데, 비행기 출발시간대에 따라 기내식 서비스 횟수는 조금씩 다를 수 있다.

Meal 서비스 횟수

- 장거리(비행 7시간 이상 Flight) : 2회 제공
- 중거리(비행 3~7시간 Flight) : 1회 제공
- 단거리(비행 3시간 이하 Flight) : 간단한 스낵류 1회 제공

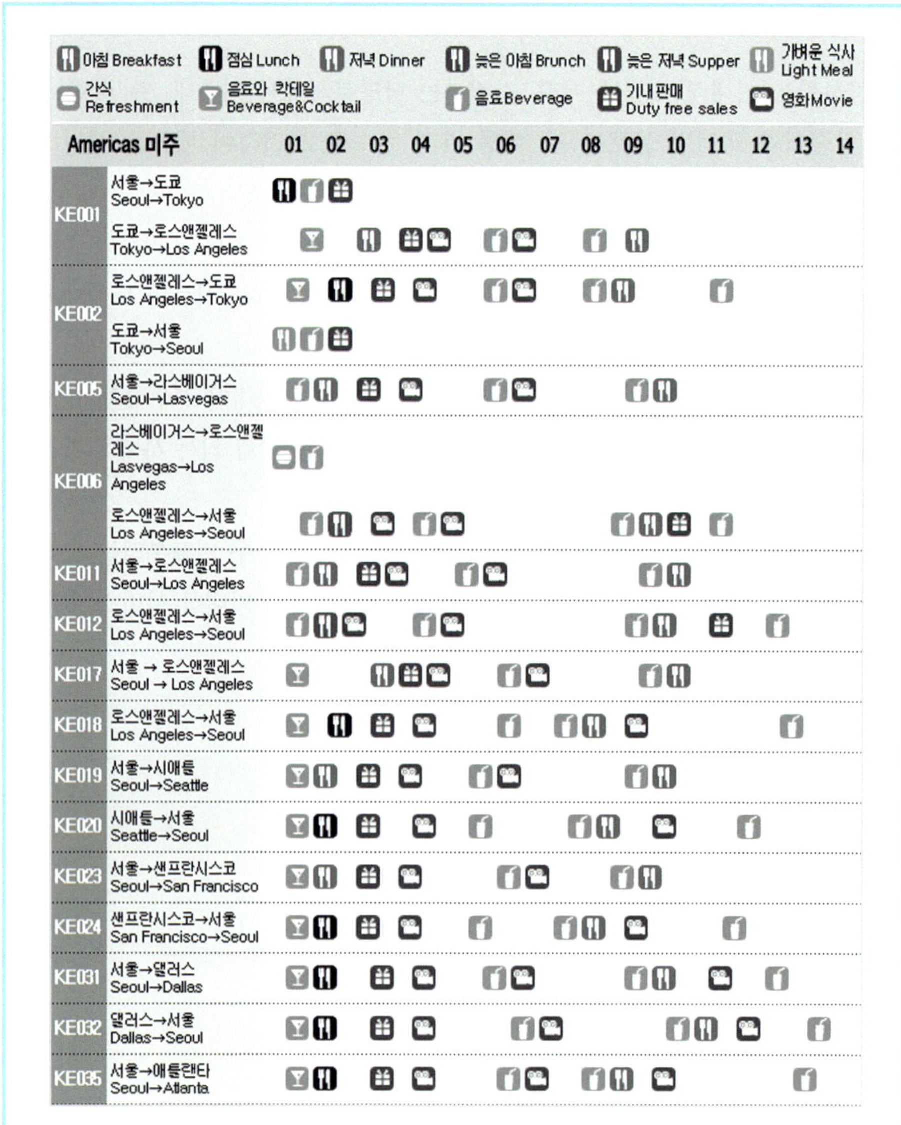

기내서비스 순서의 예(K항공사 미주노선)

3. 등급별 서비스

비행기 좌석 구분은 일반적으로 일등석, 비즈니스석, 일반석 등 3가지 클래스로 나누어지며, 종류가 같다고 하더라도 클래스별로 나오는 식음료의 내용은 약간의 차이가 있다. 예를 들어 기내식이 비빔밥인 경우, 일반석 클래스의 비빔밥은 콩나물, 호박나물, 새싹채소, 다진 쇠고기 등의 고명이 올라가고, 비즈니스석은 청포묵 등이 하나 더 추가되는 식이다.

First Class와 Business Class는 격조 높은 고급 호텔 레스토랑 수준의 정통 서양식의 코스별 식음료서비스로 Menu와 Wine, 음료, 식기류 등에 있어서 최상위 Class에 부합하는 고급화, 차별화된 서비스를 제공하며, 특히 일등석 승객을 위한 한식 메뉴는 계절별 별미에서 한정식, 궁중요리, 죽류에 이르기까지 다양하게 승객의 욕구를 만족시키고 있다. 또한 취항지의 특성을 살린 양식, 중식, 일식 메뉴를 비롯하여 전통주, 기호에 맞는 제조커피 등 다양한 음료가 제공된다.

또한 승객의 욕구를 최대한 충족시키기 위해 상위클래스는 3~4 Choice Entrée를 제공하고, Economy Class에서는 2~3 Choice Entrée를 제공한다. 그러나 일반석의 경우 손님 숫자와 음식 분량을 맞춰서 싣기 때문에 모든 승객이 원하는 음식을 여유 있게 선택하지 못하는 경우가 종종 있다. 비즈니스와 일등석의 경우는 여러 메뉴 중에서 선택이 가능하도록 정량의 120~130%를 탑재한다.

서비스방식에 있어서도 First Class의 경우는 코스별로, Business Class의 경우는 Semi 코스 방식으로 기내식음료를 서빙 왜건(Wagon) 등에 담아 Presentation 서비스를 하며, 보통석에서는 Pre-Set Tray(한상차림) 방식으로 제공한다.

즉 일등석은 호텔에서 제공하는 것과 같이 모든 메뉴가 코스별로 제공되고 있으며 일반석은 한상에 코스별 음식을 축약하여 한꺼번에 서비스하고 있다. 이등석인 비즈니스석은 일등석과 일반석의 중간 수준으로 코스 서비스와 한상 서비스가 절충되어 있다.

기내식 메뉴

02

제1절 서양식

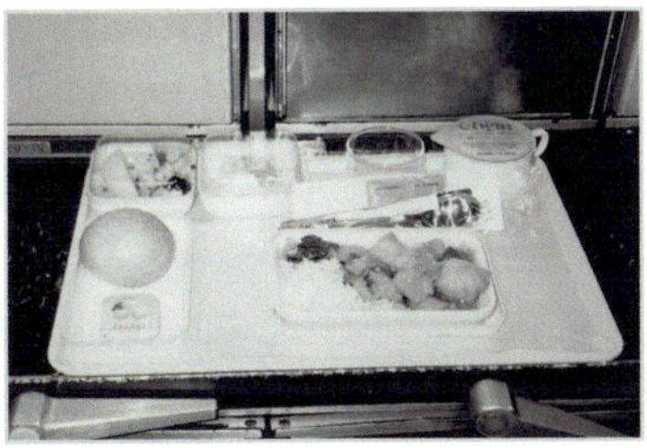

기내식은 기본적으로 서양식을 근간으로 하고 있다. 세계의 거의 모든 항공사에서는 일등석의 승객들에게 서양정식 풀코스로 서비스를 하고, 일반석 기내식 Tray는 여건상 서양 Dinner 정식 Course를 하나의 Tray에 적절히 Setting하여 준비한 형태이다.

일반석 Dinner/Lunch 기내식 Tray의 구성 및 종류는 다음과 같다.

가. Hors d'Oeuvre

Smoked Ham, Smoked Salmon, Shrimp 등이 제공된다.

나. Bread

Hard Roll, Soft Roll 등이 제공된다.

다. Water

라. Salad

각종 신선한 야채가 드레싱과 함께 제공된다.

마. Entrée

대개 Beef, Fish, Chicken 중 2가지 종류가 탑재되어 승객이 선택하도록 되어 있으며, 한식으로는 불갈비, 비빔밥 등이 서비스된다.

Economy Class Menu(주요리)의 종류

- **Beef요리**
  - 불갈비
  - Spicy Beef
  - Beef Stroganoff
  - Hungarian Beef Goulash
  - Sliced Beef Teriyaki
- **Chicken요리**
  - Sweet & Sour Chicken
  - Chicken Breast Strips
  - Roasted Chicken
  - Chicken Thigh with a Curry Sauce
  - Deep Fry Chicken Thigh
  - Tender Chicken Thigh with Garlic Sauce
- **생선요리 및 해물요리**
  - Seabass with Oyster Sauce
  - Seabass Fillet
  - Red Snapper Fillet
  - Cod Fillet
  - Halibut Fillet
  - Salmon & Scallop
  - Mixed Seafood
- **Breakfast Menu 주요리**
  - Plain Omelette
  - Ham & Cheese Omelette
  - Scrambled Egg Crêpe
  - Chicken & Mushroom Crêpe
  - Wild Mushroom Lasagna
  - Crêpe Filled with Scrambled Egg & Mushroom
  - Quiche Lorraine

바. Dessert

Cheese, Sweet Dish, Fruit 등이며, 노선에 따라 열대과일, 찹쌀떡 등 특색 있는 후식이 제공된다.

사. Hot Beverage

W E L C O M E

Green Garden Salad
Accompanied by Dressing of the day

Stir-Fried Sirloin Tips
Enhanced by a medley of Vegetables.
Black Bean Sauce and steamed Rice

or

Breast of Chicken
Presented with a Korean Hoisin Glaze,
complemented by Garlic roasted Potatoes
and Bok Choy with Leeks and Celery

Dessert
Strawberry Mousse

Starbucks freshly brewed Coffee

Offered with our compliments,
Sutter Home Chardonnay
and Deer Valley Cabernet Sauvignon

M I D F L I G H T

Hot Noodles
Served with Fruit, Cookies,
Cheese and Crackers

Sandwiches available upon request

B R E A K F A S T

Chilled Orange Juice

Mushroom and Onion Omelette
Accompanied by oven-roasted Vegetables,
Chicken Sausage, fresh Fruit and Pastry

or

Fresh Fruit Sampler
Offered with creamy Yogurt and Pastry

We apologize if occasionally
your choice is not available.

환 영 합 니 다

녹색의 가든 샐러드
오늘의 드레싱을 곁들여 제공

볶은 쇠고기 등심 요리
야채모둠 그리고
검정콩 소스와 백반을 곁들여 서비스

또는

닭가슴살 요리
한국식의 호이신 소스를 발라서
마늘 양념해서 구운 감자와
대파와 샐러리를 곁들인 박초이와 함께 서비스

후식
딸기 무쓰

갓 끓여 낸 **Starbucks** 커피

서터 홈 샤도네이와
디어 밸리 카버네 소비뇽이
서비스로 제공됩니다.

비 행 중 에 는

따끈한 국수
과일, 과자, 치즈와
크래커와 함께 제공

요청하시면 샌드위치도 제공합니다.

아 침 식 사

시원한 오렌지 주스

버섯과 양파 오믈렛
오븐에 구운 야채와 닭고기 소시지,
신선한 과일과 페이스트리를 곁들입니다

또는

신선한 과일 맛보기
부드러운 요구르트와 페이스트리가 함께 제공

간혹 선택하신 요리가 준비되지 못할 경우에는
양해하시기 바랍니다.

SEL-SFO/ORD (LD92-S98-B94)
361Y013-1 7/96 3

일반석 Dinner Menu(예)

TO BEGIN	전채
Russian Caviar Accompanied by chopped Egg, fresh Lemon, Sour Cream and Melba Toast, served with chilled Absolut Vodka or Dom Pérignon	러시안 캐비아 잘게 썬 삶은 계란, 신선한 레몬, 사워크림과 멜바 토스트 그리고 차가운 앱솔루 보드카 또는 돔 페리뇽과 함께 서비스
Hot Tasteful Sampling Julienned Duck mixed with Linguine, enhanced by a creamy Morel Mushroom Sauce and topped with sautéed Spring Onions and Carrots	따끈한 별미 맛보기 가늘게 썬 오리고기에 링귀니 국수를 섞어 부드러운 모렐 버섯 소스로 맛을 내고 살짝 볶은 봄 양파와 당근을 얹어서 서비스
Garden Fresh Salad Seasonal Greens with White Asparagus, Fennel and julienned Carrot with Chives, accompanied by Coriander Comino or Rum Tarragon Dressing	신선한 가든 샐러드 제철의 녹색 야채에 하얀 아스파라거스와 회향, 그리고 부추를 곁들인 채썬 당근을 고수풀 코미노 또는 럼 타라곤 드레싱과 함께 서비스
An Assortment of Rolls	롤빵 모듬

일등석 메뉴의 예

MAIN COURSES

CHATEAUBRIAND
Presented with a Szechuan Tomato Coulis,
Green Beans with Squash, Rosemary Potatoes Tournés
and sautéed Shiitake Mushrooms with Sweet Chilies

BRAISED SALMON FILLET WITH PRAWNS
Enhanced by a creamy Lobster Sauce with Mushrooms,
offered with Basmati Rice with julienned Leeks
and a medley of Red Bell Pepper and Daikon

SAUTÉED BREAST OF CHICKEN
Served with a Natural Jus,
accompanied by White Udon Noodles
and a Leek and Mushroom Compote

PORK WITH SIKEUMCHI PPOKKEUM
Complemented by a Soy Scallion Jus,
Basmati Rice with Sesame Seeds
and a julienne of Asian Vegetables

THE EARLY SEATING MEAL
AT YOUR REQUEST, WE OFFER A COMPLETE MEAL
SERVED ALL AT ONCE, FOR THOSE WHO WOULD
LIKE EXTRA TIME TO WORK, RELAX OR SLEEP.

Appetizers include peppered Salmon,
Prawns and a Cucumber Salad

For your hot Main Course, please choose
from the above Seafood, Chicken or Pork Entrees

Gouda and Danish Blue Cheese
served with Crackers and Godiva Chocolates

PLEASE ALLOW TIME FOR PREPARATION.

Traditional steamed Rice is available.

주 요 리

샤토브리앙
중국 사천식 토마토 쿨리로 맛을 내어
호박과 줄기콩, 로즈마리로 향을 낸 감자와
달콤한 고추로 살짝 볶은 표고 버섯과 함께 제공

연어살과 새우찜 요리
버섯을 섞은 부드러운 바닷가재 소스로 맛을 내어
채썬 대파를 넣은 바스마티 밥과
빨강 피망과 무 섞음을 함께 제공

살짝 볶은 닭가슴살 요리
닭고기 즙에
하얀 우동 국수와
대파와 버섯 졸임을 곁들임

돼지고기와 시금치 볶음
파와 간장즙으로 맛을 내어
참깨 바스마티 밥에
채썬 동양식 야채를 함께 제공

즉석 식사
보다 많은 업무 시간이나 휴식, 또는
수면을 원하실 경우에는 요청에 따라서
식사 전부를 한꺼번에 준비해 드립니다.

전채로는 후추 뿌린 연어와
새우와 오이 샐러드를 포함합니다.

따뜻한 주요리로는 위에 명시된 해산물이나
닭요리 또는 돼지고기 요리를 선택하시기 바랍니다.

구다와 덴마크의 블루 치즈는
크래커와 Godiva 초콜릿과 함께 서비스합니다.

준비 시간을 감안해주시기 바랍니다.

요청하시는 승객에게는 백반도 준비됩니다.

AFTER ALL

THE WORLD'S FINEST CHEESES WITH FRESH FRUIT
Gruyère, Port-Salut and Edam
offered with Biscuits, Crudités
and a glass of Sandeman's Porto

DESSERT
Apple Tart baked in a Lattice Crust

ICE CREAM SUNDAE
Vanilla Ice Cream with Chocolate or Strawberry Sauce,
roasted Almonds and Whipped Cream

GODIVA CHOCOLATES

Starbucks® freshly brewed Coffee

Amaretto, Baileys Irish Cream
or Kahlúa can be mixed with your Coffee
or enjoy Cappuccino or selected Herbal Teas

MIDFLIGHT

Enjoy a light Snack

GOOD MORNING

CHILLED ORANGE JUICE
Offered with Breakfast Pastries, Butter and Preserves

BREAKFAST CRÊPE
Filled with Scrambled Eggs, Mushrooms and Onions,
accompanied by charred Tomato Coulis,
Beef Medallion, sautéed Potatoes and fresh Fruit

FRESH FRUIT SAMPLER
Accompanied by creamy Yogurt

후식

세계 최고급의 치즈와 신선한 과일
그뤼에르, 포르 싸뤼, 에담 치즈와
비스킷 그리고 생야채에
샌더맨 포르토 와인 한잔을 곁들입니다

후식
격자무늬의 사과 타트

아이스크림 선디
초콜릿 또는 딸기 소스를 곁들인 바닐라 아이스크림에
구운 아몬드와 거품낸 크림과 함께 제공

GODIVA초콜릿

갓 끓여 낸 **Starbucks**® 커피

아마레토, 베이리즈 아이리쉬 크림 그리고
칼루아를 탄 커피 또는
카푸치노나 경선된 향초차를 즐기십시오.

비행 중에는

간단한 스낵을 즐기시기 바랍니다.

아침식사

시원한 오렌지 주스
아침식사용 페이스트리, 버터와 잼

아침식사용 크레프
스크램블드 에그, 버섯과 양파로 속박이하여
숯불에 구운 토마토 쿨리로 맛을 내어
쇠고기 메달리온, 살짝 볶은 감자와
신선한 과일과 함께 제공

신선한 과일 맛보기
부드러운 요구르트와 함께 서비스

제2절 한식

최근 국내 항공사는 기내식으로 다양한 한식메뉴를 선보이고 있으며, 우리나라에서 출발 도착하는 항공 편에는 국외 항공사들도 한국 승객들의 기호에 맞추기 위해 김치, 고추장 등을 마련하는 등 한식 기내식 개발에 많은 관심을 모으고 있다.

이는 항공여행의 즐거움과 더불어 낯선 외국 음식을 며칠씩 먹어야만 했던 여행 끝에 기내에서 만나는 한국 음식에 대한 반가움이 기내식에 대한 기대에 부응함으로써 승객의 기내여행 만족도를 한층 높이고 있다.

대한항공의 경우 1997년 외국음식 일색이던 기내식에 비빔밥을 개발해 서비스함으로써 본격적인 한식 기내식 시대를 열었으며 국제 기내식협회(International Travel Catering Association, ITCA)에서 최고의 기내식상인 머큐리상[1])을 받아 세계적인 메뉴로 인정받았다. 이후 비빔밥은 우리 음식의 세계화 및 한류 전파에 크게 기여하고 있다.

'비빔밥'은 한국 음식의 기내식화를 성공시킨 대표적인 예인데, 특히 주재료가 야채여서 건강식으로 외국인들에게 인기가 높다.

또한 한식 웰빙 메뉴인 비빔국수는 스페인 발렌시아에서 열린 국제기내식협회 연차 총회에서 또 한 번 기내식 부문 최우수 기내식(금상)으로 뽑힌 바 있다.

---

1) ITCA가 수여하는 머큐리상은 기내식 부문의 오스카상으로 불리는 이 분야 최고 권위의 상으로, 기내식, 기내서비스 설비, 기술개발, 시스템 및 프로세스 개발 등 5개 부분으로 나눠서 시상한다.

기내식 비빔국수 개발

실제로 장거리 노선에서 국수가 삶아져서 서비스되기까지는 최장 25시간이 소요되기 때문에 그동안 국수류는 기내식으로 좀처럼 서비스되기 어려웠던 것이 사실이다. 새로 개발된 비빔국수는 장시간 동안 국수가 불거나 굳지 않도록 하기 위해 특수 숙성기법을 개발해 오랜 비행시간에도 승객들이 방금 조리한 것처럼 쫄깃쫄깃하고 맛있는 면발을 즐길 수 있도록 한 것이 가장 큰 특징이다. 또한 맛과 영양이 뛰어나면서도 열량이 낮은 대표적인 웰빙식품의 하나이다.

그 외 각 항공사별로 가정식 백반을 비롯하여 승객의 입맛을 사로잡기 위한 한식 기내식 개발에 적극적으로 나서고 있다. 특히 국내 항공사들은 한국인의 입맛과 계절감에 맞는 다양한 새로운 한식 메뉴를 개발하고 외국인 승객에게 전통 한식을 알리기 위해 다양한 한식 메뉴를 지속적으로 선보이고 있다.

일등석의 경우 불갈비, 냉면, 고추장, 수정과까지 메뉴에 포함돼 있으며, 여름철 복날을 전후해서는 삼계탕도 서비스된다.

한식 기내식 서비스의 어려운 점은 한식 특유의 냄새, 사용되는 식기, 외국인 승객선호 여부 등이었으나 이러한 점들을 보완하고 K-푸드의 인기에 힘입어 최근 항공사별로 다양한 한국 전통음식이 소개되어 기내식으로 선보이고 있다.

현재 서비스되고 있는 기내 한식 메뉴를 살펴보면 좌석등급, 노선별에 따라 다르나 수삼냉채, 갈비찜, 불갈비, 불고기, 닭찜, 도가니탕, 꼬리곰탕, 설렁탕, 북엇국, 미역국, 해장국, 삼계탕, 비빔밥, 잡채밥, 쇠고기죽, 전복죽, 조개관자죽, 기타 면류(우동, 라면), 찹쌀떡, 두텁떡, 약식, 수정과, 식혜 등으로 매우 다양하다. 최근 불고기 영양쌈밥 등, 야채와 불고기로 구성된 웰빙식단을 제공하여 호평을 받고 있다.

등 급	한식 메뉴(예)
일등석	궁중정찬서비스, 일식 정통(가이세키) 불갈비, 불고기, 갈비찜, 닭불고기 탕류/국류(사골꼬리곰탕, 삼계탕, 미역국, 쇠고기무국) 밥류(비빔밥, 잡채밥) 죽류/면류(쇠고기죽, 조개관자죽, 냉국수, 온면, 비빔국수) 후식(녹두신감초 점증병, 증편, 두텁떡) 음료(오미자차)
비즈니스석	비빔밥, 불갈비, 불고기, 갈비찜, 닭불고기, 찜닭, 흰죽, 잡채밥, 한식 전통떡 등
일반석	비빔밥, 불갈비, 불고기 갈비찜, 닭불고기, 찜닭, 찹쌀떡, 영양쌈밥 등

제3절 특별식(Special Meal)

기내 특별식은 승객의 건강, 종교상의 이유로 또는 축하를 위해, 개인의 기호에 따라 특별히 신청하는 음식으로 특별한 메뉴가 필요한 사람에게 제공되는 기내식으로 그 종류가 매우 다양하다.

승객 예약 때 미리 주문에 의해서만 탑재되며, 주문 내용은 S.H.R.(Special Handling Request)에 기록되므로 출발 전 탑재 여부를 확인해야 한다.

1. Special Meal의 종류

가. 종교상 이유에 의한 Special Meal

- Hindu Meal(HNML) : No Beef. 쇠고기를 먹지 않는 힌두교도를 위한 식사
- Moslem Meal(MOML) : No Pork. 돼지고기를 먹지 않는 이슬람교도의 식사
- Vegetarian Meal(VGML) : 건강, 종교상의 이유로 육류를 먹지 않는 채식주의자 Vegetarian Meal Strict는 육류만이 아니고 달걀, 유제품 등 동물성 음식류를 일체 먹지 않는 엄격한 채식주의자의 식사
- Kosher Meal(KSML) : 유대 정교 신봉자인 유태인 종교 음식. 유대교 율법에 따라 조리된 음식으로 닭고기나 생선이 주가 되며, Bread 대신 Matzo라는 건빵이 쓰인다. 식기는 한 번 사용한 것을 재사용하는 것은 금하므로 1회용 기물을 이용하고 종이상자에 봉해져 있다. 서비스 준비 때 승객에게 반드시 허락을 받은 후 개봉하여 Heating해야 한다.

Kosher Meal

나. 건강 및 신체여건에 따른 Special Meal

1) 채식

- 서양채식(Vegetarian Lacto-Ovo Meal) : 생선류, 가금류를 포함한 모든 육류, 동물성 지방, 젤라틴을 사용하지 않고, 달걀 및 유제품은 포함하는 서양식 채식 메뉴
- 엄격한 서양채식(Vegetarian Vegan Meal) : 생선류, 가금류를 포함한 모든 육류와 동물성 지방, 젤라틴뿐만 아니라 달걀 및 유제품을 사용하지 않는 엄격한 서양식 채식 메뉴
- 인도채식(Vegetarian Hindu Meal) : 생선류, 가금류를 포함한 모든 육류와 달걀을 사용하지 않고, 유제품은 포함하는 인도식 채식 메뉴
- 엄격한 인도채식(Vegetarian Jain Meal) : 생선류, 가금류를 포함한 모든 육류와 달걀, 유제품을 포함하는 모든 동물성 식품 및 양파, 마늘, 생강 등의 뿌리 식품을 사용하지 않는 엄격한 인도식 채식 메뉴
- 동양채식(Vegetarian Oriental Meal) : 생선류, 가금류를 포함한 모든 육류와 달걀, 유제품은 사용이 불가하나 양파, 마늘, 생강 등 뿌리식품의 사용이 가능한 동양식 채식 메뉴로 주로 중식으로 조리함

2) 건강식

건강상의 이유로 특별한 식단이 필요한 승객에게 의학 및 영양학적인 전문지식을 바탕으로 구성된 식사 조절식

- 저지방/콜레스테롤식(Low Fat/Cholesterol Meal/LFML) : 저콜레스테롤, 저지방, 심장병, 동맥경화, 비만증 등 성인병 환자에게 제공되며 지방, 육류의 기름기를 제거하고 만든 식사
- Oriental Meal(ORML) : Chinese Style로 조리된 식사로 동남아 승객 선호도가 높다.
- 저지방식(Low Fat Meal/LFML) : 1일 지방 섭취량을 30g 이내로 제한한 식사

- 당뇨식(Diabetic Meal/DBML) : 열량, 단백질, 지방, 당질의 섭취량을 조절하는 동시에, 식사량의 배분, 포화지방산의 섭취 제한 등을 고려한 식사
- 저열량식(Low Calorie Meal/LCML) : 체중 조절을 목적으로 열량을 제한한 식사
- 저단백식(Low Protein Meal/LPML) : 육류, 달걀 및 유제품 등 단백질 식품을 제한하여, 1일 단백질 섭취량을 40g 이하로 제한한 식사
- 고섬유식(High Fiber Meal/HFML) : 만성변비 환자에게 제공되며 섬유질이 많은 곡류, 과일, 채소가 많이 든 식사(1일 20~25g의 식이섬유소를 포함)
- 연식(Bland Meal/BLML) : 소화장애 환자 또는 수술 후 회복기에 있는 승객을 위한 식사로 제공되며 데치거나 끓이는 방법으로 부드럽게 조리하고 자극성 향신료를 넣지 않고 만든 식사
- 글루텐 제한식(Gluten Intolerant Meal/GFML) : 식사 재료 내의 글루텐 함유를 엄격히 제한한 식사
- 저염식(Low Salt Meal/LSML) : 심장병, 고혈압 환자를 위한 소금 및 소금이 포함된 제품은 사용하지 않고 만든 식사(1일 염분의 섭취량을 5g 이하로 제한한 식사)
- 유당제한식(Low Lactose Meal/NLML) : 우유 내 함유된 유당 소화에 장애가 있는 승객에게 제공되며, 유당을 함유하고 있는 모든 형태의 유제품(우유, 크림, 분유)을 엄격히 제한한 식사
- 유동식(Liquid Diet Meal) : 씹거나 삼키는 기능에 문제가 있거나, 수술 후 회복기의 승객을 위한 식사
- 저퓨린식(Low Purine Meal/PRML) : 통풍이나 요산결석과 같은 퓨린 대사 장애 환자를 위한 특별식으로 퓨린과 지방을 제한한 식사
- 기타, 특정 식품에 대한 알레르기 및 유사 증상이 있는 승객을 위한 특별식

3) 연령에 따른 특별식

- 영유아식 : 일반적인 제품만 서비스되므로 특별한 주스나 우유를 먹이는 경우 승객이 개별적으로 준비하는 것이 바람직하다.
  - 영아식(Infant Meal/IFML) : 12개월 미만. 액상 분유, 아기용 주스
  - 유아식(Baby Meal/BBML) : 12~24개월 미만. 이유식, 아기용 주스
- 아동식(Child Meal/CHML) : 만 2세 이상 12세 어린이에게 제공되는 식사로 김밥, 샌드위치, 짜장면, 오므라이스, 햄버거, 피자, 스파게티, 치킨너겟 등 다양한 메뉴 중에서 선택할 수 있다.

4) 기타 특별식

- 해산물식(Seafood Meal/SFML) : 생선 및 해산물을 주재료로 하여 곡류, 야채류 및 과일류와 함께 제공
- 과일식(Fruit Platter Meal/FRDT) : 정규 기내식 대신 신선한 과일로만 구성된 식사. 미용 및 건강 기호식 알레르기 체질용
- 케이크(Birthday Cake/BDCK, Honeymoon Cake/HMCK) : 생일과 허니문을 기념하기 위한 축하 케이크 제공

2. 준비 및 서비스 요령

- 비행 준비 때 Special Meal의 탑재 여부를 확인하고, 만일 탑재되지 않았을 경우 지상 직원에게 즉시 확인하여 탑재 조치한다.
- 승객 탑승완료 후 승객에게 주문 사실을 확인한 후, 해당 Special Meal Tag에 승객의 성명과 좌석번호를 기입, 승객 좌석 Head Seat Cover에 Special Meal Tag 스티커를 부착한다.
- 서비스 전 승객에게 Special Meal 주문 여부를 재확인한 후, Meal Tray 서비스 때 일반 식사보다 먼저 제공한다.

기내음료 메뉴

03

제1절 기내음료의 개요

항공사에서 제공되는 모든 음료는 고객 위주의, 고객이 선호하는 성향에 준하여 엄선된다. 특히 상위클래스의 경우 음료서비스는 고품위 서비스에 부응하여 세계 각국의 유명한 최상품을 엄선 탑재하여 숙련된 서비스 매너로 제공하고 있다.

기내음료는 해당 클래스에 따라 제공되는 종류에 차이는 있으나 노선별, 등급별로 다양한 종류의 비알코올 음료와 알코올 음료를 제공한다.

음료서비스는 기본적으로 각 노선별 좌석등급별 서비스과정에 준하여 Meal 서비스 시점을 기준으로 식전에 식전주인 Apéritif를 제공하고, 식사 중에는 Meal Type에 따라 와인이나 기타 음료를 제공하며, 식후에는 커피와 차류를 제공한다.

기내는 기압이 낮고 산소가 부족해 알코올 분해 속도가 더 느려지므로 비행 중 승객에게 알코올 음료 제공 시 만취승객이 발생하지 않도록 유의한다.

음료서비스 방법은 첫 번째 식사서비스 시 전 클래스 공히 기내에 준비된 다양한 음료를 승객에게 직접 보여드리고 소개하는 Presentation 서비스이다. 이때 일반석의 경우 Full Cart/Half Cart를 이용하여 Zone/Aisle별로 담당승무원이 음료를 제공하고, 상위클래스인 경우 Serving Cart에 준비하여 서비스한다.

기내에서 제공하는 음료에 대한 충분한 이해를 통해 세련되고 자신 있는 서비스가 가능하다.

제2절 기내서비스 음료

1. 기내 알코올 음료 소개

가. Beer

각국에서 생산된 다양한 종류의 맥주가 제공된다.

나. Wine

각 항공사별로 엄선된 세계 유명 Wine 및 Champagne이 탑재된다. 일등석과 비즈니스석은 4종 이상의 다양한 종류의 Wine이 제공되며 보통석에서도 2종류의 Wine이 제공된다. 기내에서는 주로 식사와 함께 제공된다.

다. Whisky

Scotch, Canadian, Bourbon 등 다양한 고급 Whisky가 제공된다.

라. 기타

그 외 Brandy, Liqueur류, Campari, Rum, Gin, Vodka, 칵테일류 등이 제공된다.

BEVERAGES

COCKTAILS AND APÉRITIFS

Tanqueray Gin Martini Smirnoff Vodka Martini

Bloody Mary Screwdriver Campari

SPIRITS

Tanqueray Gin Absolut Vodka

Chivas Regal Scotch Whisky

Glenmorangie Single Malt Whisky

J & B Scotch Whisky

Johnnie Walker Black Label Scotch Whisky

Jack Daniel's Tennessee Whiskey Jim Beam Bourbon

Canadian Club 12-year-old Whisky Bacardi Rum

Courvoisier Cognac

LIQUEURS

Sandeman Founder's Reserve Porto Amaretto di Saronno

Grand Marnier Drambuie Calvados

Kahlúa Baileys Irish Cream

BEER

Budweiser Miller Lite

Regional Beers or Heineken

SAKE

Gekkeikan Horin Daiginjo

Gekkeikan White Glass

624W000 FC International 12
7/96

일등석 Beverages Menu(예)

2. 기내 비알코올 음료 소개

구 분	특 성	종 류
청량음료	탄산음료	Coke, 7-Up, Gingerale, Soda Water, Tonic Water, Perrier 등
	비탄산음료	Mineral Water
영양음료	Juice류	Orange, Apple, Grapefruit, Pineapple, Lime, Tomato, Guava Juice 등
	Milk류	Low-Fat Milk
기호음료	Coffee류	Nescafe, Sanka(Decaffeinated)
	Tea류	Earl Gray, Lipton
		중국차(보이차, 재스민차, 우롱차)
		전통차(인삼차, 영지차, 숭늉차)

항공사별 기내식음료

04

> 기내식음료는 승객이 항공사 서비스에 대해 갖는 이미지와 깊은 연관이 있고, 수준 높고 세련된 기내식음료서비스는 항공사의 전체적인 서비스의 질을 좌우하는 역할을 한다. 이에 따라 최근 항공사별로 각국의 독특한 메뉴가 기내식으로 도입되고 국외 항공사에서도 다양한 한식이 제공되는 추세이다. 또한 항공사별로 새로운 기내식 개발에 끊임없는 노력을 지속적으로 기울이며 변화를 꾀하고 있다.

제1절 FSC(Full Service Carrier)의 기내식음료서비스

항공사별 기내식은 기본적으로 서비스 클래스 등급에 따라 음식의 품질, 양, 제공 방식에 차이가 있으며, 항공사별 기내식 및 음료 서비스는 상시 고정된 것이 아니라, 운항 노선, 계절, 제휴 업체, 마케팅 전략 등에 따라 일정 주기로 변경된다.

FSC는 일반적으로 운임에 기내식과 음료 서비스가 포함되어 있으며, 클래스(좌석 등급)에 따라 서비스 품질과 메뉴 다양성, 제공 방식 등에 차이가 있다. 장거리 노선에서는 정찬 수준의 식사와 다양한 음료, 주류가 제공되며, 상위 클래스의 승객에게는 고급 식재료와 프리미엄 음료가 제공된다.

1. 대한항공

가. 특징

대한항공에서는 다양한 한식 메뉴를 개발하여 한국인의 입맛과 계절감에 맞추고 외국인 승객에게 전통 한식을 알리기 위해 지속적으로 노력하고 있다.

특히 비빔밥, 비빔국수 서비스로 기내식부문 최고의 영예인 머큐리상을 수상한 바 있으며, 해외의 기내식 공급회사에 한국인 요리사를 채용하고 한식 담당 조리사를 대상으로 정기적인 교육을 실시하는 등 한식 서비스 확대를 위해 지속적인 노력을 기울이고 있다. 또한 일부 노선의 프리미엄 일등석과 일등석 승객 대상으로 한정식 사전 주문 서비스를 실시하고 있다.

한정식 사전 주문 서비스

승객은 계절별로 준비하고 있는 네 가지 주요리 중에서 원하는 한정식 메뉴를 직접 선택하여 사전 주문할 수 있는 서비스이다. 모든 메뉴에는 한국 전통의 조리법에 근거하여 선별된 식재료와 양념을 사용하여 조리된 전채, 죽, 각종 밑반찬과 국, 디저트의 전 한정식 코스가 함께 서비스된다.

나. 클래스별 메뉴

노선에 따라 차이는 있으나 일반적으로 등급에 따라 기내에서 다음과 같은 식음료가 제공된다. 상위 클래스의 경우 기내식 사전 주문서비스, 주류서비스의 다양화 및 고급화, 전통 한식 메뉴 도입 등의 차별화된 서비스를 제공한다.

1) 일등석

식전주로 세계 최고급 수준의 정통 프랑스산 샴페인, 식사 중에는 엄선한 프랑스 최고급 와인을 포함한 각각 두 가지 종류의 White Wine과 Red Wine을 서비스한다. Hard Liquor는 Johnny Walker Blue, Cognac(X.O급)의 주류, 기내식으로는 카스피해산 Caviar(캐비아) 서비스를 비롯하여 훈제연어, 바닷가재 등 최고급 식재료로 만든 전채가 제공된다.

또한 한식을 포함한 4종의 기내식이 취향에 맞게 서비스되며, 엄선된 치즈와 신선한 과일과 함께 한식 디저트로는 다양한 한식 떡이 서비스된다.

2) 비즈니스석

식전주로 고급 샴페인, 식사 중에는 프랑스 와인을 포함한 각각 두 가지 종류의 White Wine과 Red Wine을 제공한다. Hard Liquor로는 한국인이 선호하는 Ballantine 17년산 및 Cognac(X.O급) 등이 제공된다.

기내식으로는 엄선된 한식을 포함한 3종의 식사가 제공되어 메뉴를 선택할 수 있다. 신선한 훈제연어 등으로 만든 양식 전채, 한식을 선택할 경우 한식 냉채가 별도로 제공된다. 후식으로 양식 케이크와 함께 한국 전통떡이 제공된다.

Appetizer

Entrée-스테이크

Entrée-비빔밥

Dessert - 케이크와 과일 및 치즈

3) 일반석

와인 및 다양한 주류가 제공되며, 기내식으로는 취항지의 특성에 따라 노선별로 다양한 종류의 한식, 양식, 중식, 일식을 선정하여 서비스하고 있는데 특히 한식 메뉴를 다양하게 개발하여 제공하고 있다. 특히 장거리 노선의 경우 서울 출발편은 물론 해외 출발편에도 한식 비빔밥을 서비스하고 있으며, 특히 한식 메뉴를 다양하게 개발하여 제공하고 있다. 후식으로 한식 디저트(전통 우리떡)를 제공하고, 튜브형의 볶음 고추장도 제공된다.

Dinner

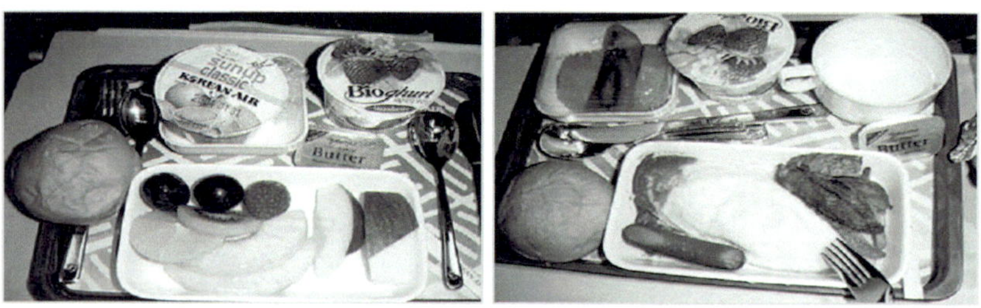

Breakfast

2. 아시아나항공

가. 특징

아시아나항공의 기내식은 정통 양식, 전통 한식, 현지 Locality를 살린 기내식 등이 다양하게 제공되는 것이 특징이다. 특히, 한식 메뉴 고급화를 특징으로 다양한 메뉴를 개발하여 제공하고 있다.

Sleepers First Class와 Business Class 승객들에게 서비스하는 궁중정찬(Korean Royal Table d'Hôte)은 초미(初味) - 이미(二味) - 삼미(三味) - 후미(後味)의 고유 명칭으

로 나누어지며, 한식의 전통 기물인 나무상을 기내 상황에 맞추어 개발한 궁중 팔각반을 이용하여 기내식의 한계를 뛰어넘는 특화서비스로 자리매김하였다.

또한 수면 후 남과 다른 시점에서 서비스받고 싶은 욕구를 최대한 반영한 Flexible Meal Time Service를 적용하며, 종래 일률적인 패턴의 서비스 정신에서 벗어나 각자의 수면 리듬과 취식 습관 등을 충분히 인식하여 승객이 원하는 식사 시간에 맞추어 식사를 할 수 있도록 하는 개념이다.

Business Class에서는 궁중정찬의 개념을 도입하여 갈비찜, 전복삼합찜 등으로 구성된 궁중 5첩반상 및 전통 비빔밥을 주요리로 제공하며 후식으로 수정과를 비롯한 우리 고유의 전통차와 함께 한과를 서비스한다.

일등석 '궁중정찬 7첩반상'

기내식에 웰빙을 추구하여 개발한 '불고기영양쌈밥'은 선택 승객이 전체의 70%로 일반석에서 가장 인기 있는 메뉴이다.

여섯 가지 채소를 특수세척액에 담갔다가 흐르는 물로 씻은 다음 투명 필름으로 덮어 신선도를 유지시키고, 쌈장은 호두, 잣, 땅콩, 호박씨, 해바라기씨 등 견과류를 갈아 넣어 된장의 짠맛을 줄이고 감칠맛을 더했다.

또한 소화도 잘되며 부담스럽지 않은 Asiana Chef Dressing 및 감자보리빵, 친환경농법으로 재배한 커피 등을 제공하고 있으며, 최근 업계 최초로 한일 전 노선 기내에서 쌀막걸리를 도토리묵과 함께 서비스한다. 두부김치, 녹두전 등 건강에 좋고 한국의 맛이 담긴 한식 메뉴를 더욱 다양화할 계획이다.

나. 클래스별 메뉴

1) 일등석

Hors d'Oeuvre

Cream Soup

Entrée

Fruit & Cheese

Dessert-Lime Cake

Breakfast 설렁탕

2) 비즈니스석

양식

한식

3) 일반석

비빔밥

불고기영양쌈밥

3. 국외 항공사

가. 에어프랑스(Air France)

에어프랑스는 최고급 레스토랑의 요리사들을 영입해 같은 메뉴들을 승객에게 제공하고 있다.

비즈니스와 일등석에서는 7~8가지 치즈를 가져와 손님이 원하는 대로 잘라 서빙하고, 일반석에서

일반석 기내식

도 항상 치즈가 제공된다.

국내외 항공사를 통틀어 최초로 김치를 기내식으로 선보였던 에어프랑스는 비빔밥, 갈비찜 등 다양한 한식메뉴도 제공하고 있으며, 승객들이 직접 셀프로 이용할 수 있도록 컵라면, 과일, 아이스크림, 간단한 음료가 준비되어 있다.

특별식 중 의학적 식이요법에 의해 글루텐이 없는 식사(Gluten-Free)를 제공한다. 메뉴를 에어프랑스 협력업체(A.F.D.I.A.G : 글루텐절제협회 "Association of Gluten-Intolerant"와 S.O.S Allergies : 알레르기상담소 "Allergy Helpline")의 인력이 검사하여 글루텐 알레르기와 관련하여 식사의 안전 원칙에 철저하게 맞추고 있다.

나. 싱가포르항공

싱가포르항공은 고급서비스 맞춤형 식사 서비스인 'Book the Cook' 서비스(사전 기내식 예약제)를 도입하고, 기내식의 고급화를 특징으로 하며 세계적인 셰프들이 개발한 메뉴를 운영하는 특징이 있다.

일반석 기내식

일등석과 래플스(비즈니스) 클래스에서는 탑승 24시간 전 미리 주문에 의해 맵고 달고 자극적인 동남아음식과 중국음식이 결합한 원조 퓨전요리인 '페라나칸(Peranakan)'요리를 맛볼 수 있으며, 일부 국제선 또는 일본 노선에서 일식 특별식을 주문하는 경우, 전통 가이세키 서비스를 제공한다. 또한 인천에서 출발하는 일부 노선에서는 고추장은 물론, 김과 김치도 제공된다.

다. 캐세이패시픽항공

세계 최초로 일등석 승객을 대상으로 전기밥솥, 토스터, 프라이팬을 기내에 비치하여 승무원이 그 자리에서 밥이나 토스트, 달걀 등을 요리해 제공한다. 또한 메뉴를 보고 좋아하는 음식을 골라 원하는 시간에 식사를 할 수 있으며, 중국 전통 즉석요리를 맛볼 수 있다.

홍콩 내 유명 레스토랑과 함께 중국 정통요리를 기내식으로 제공하는 'Best Chinese Food In The Air' 서비스를 실시함으로써 홍콩의 최고급 레스토랑 요리 100여 가지를 홍콩에서 출발하는 항공 편 전 등급에서 맛볼 수 있다. 즉 거위구이를 맛보러 영국 런던에서부터 날아오는 손님이 많다는 '융키', 광동요리점 '제이드 가든', 북경음식점 '페킹 가든' 등 6개 레스토랑 음식을 맛볼 수 있다.

일등석 승객에게는 진한 루비색을 띠는 1994년산 Château Lynch Bages를 제공하고, 전통적인 와인 생산지인 프랑스, 이탈리아를 비롯하여 새로운 와인 생산지로 각광받고 있는 남아프리카, 호주, 미국, 뉴질랜드 등지에서 생산되는 엄선된 40여 종의 고급와인을 제공한다.

기내에서는 무알코올 음료를 원하는 승객들을 위해 대부분의 항공 편에서 신선한 에스프레소, 카페라테 그리고 카푸치노를 제공한다. 또한 모든 승객에게 식사 후 중국차를 바로 끓여 제공한다.

라. 일본항공

지역 특산물을 활용한 일본 전통 정식 요리를 중심으로, 다양한 일본식 음료를 제공한다.

일본항공은 간식시간을 통해 또 다른 일본 음식문화를 경험할 수 있다. 소형 일본식 식기에 담아주는 오차스케(찻물에 말아 먹는 밥)를 제공하고, 그 밖에 우동과 메밀, 라면을 먹기 쉽게 미니사이즈로 제공하고 있으며, 셀프 서비스 뷔페도 준비되어 있다.

이등석은 일본 전통 코스요리로 10여 종 이상의 일품요리와 일본에서 가장 유명한 와인을 제공한다.

마. 기타

에미레이트항공은 다양한 문화를 반영하고, 고급식기를 사용한 고급 레스토랑 수준의 기내식을 제공하고 있다.

뉴질랜드항공은 우유와 치즈로 유명한 뉴질랜드의 이미지를 살려 일반석에도 종류별로 몇 가지씩 부드럽고 고소한 치즈를 제공한다. 또한 다양한 종류의 따끈한 빵과 맛있는 소스가 첨가된 신선한 샐러드에 후식으로 아이스크림도 제공한다.

에어뉴질랜드 일반석 기내식

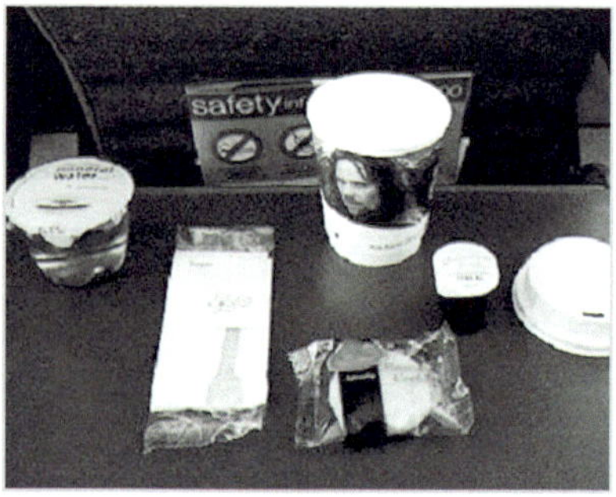

자국촬영 영화인 '반지의 제왕'으로 컵을 만들어 서비스하고 있다.

어린이용 식사 케이스

과일특별식

제2절 LCC(Low Cost Carrier)의 기내식음료서비스

LCC(Low Cost Carrier, 저비용항공사)는 기내식음료 제공 서비스의 비용 절감을 통해 항공권 가격을 낮추고, 수익성을 확보하는 비즈니스 모델을 운영한다. 이러한 구조 속에서 기내식 및 음료 서비스는 부가적인 수익 창출 수단이 된다.

그러므로 기본적으로 기내식 및 음료가 대부분 유료로 제공되며(일부 국제선은 무료 제공), 단거리 노선 중심으로 보관과 조리가 쉬운 간편식과 음료 중심으로 메뉴가 구성되어 있다.

승객은 탑승 전 사전 주문하거나, 기내에서 직접 구매할 수 있으며, 최근에는 모바일 앱이나 온라인 예약 시스템을 통한 기내식 사전 주문 비율이 증가하는 추세이다.

서비스 유형은 스낵류(컵라면, 과자, 음료, 커피, 주스 등), 간편식 도시락(비빔밥, 볶음밥 등), 샌드위치, 즉석식품 등을 제공하며, 음료는 생수, 탄산음료, 맥주, 와인 등을 유료로 제공한다.

LCC(Low Cost Carrier, 저비용항공사)의 기내식은 고정된 메뉴보다는 고객의 다양한 취향과 요구를 반영하여 시기, 노선, 계절별로 유동적으로 구성되는 편이다.

일부 항공사는 수익 다변화의 일환으로 유명 셰프 및 브랜드와의 협업 및 시즌 한정 메뉴 운영 등의 마케팅 수단을 활용하여 차별화된 메뉴를 선보이기도 한다. 또한, 지역 특산물을 활용한 한국식 메뉴 개발로 내국인은 물론 외국인 관광객 호응을 유도하거나, 취항지 특성에 맞춘 기내식 메뉴를 새롭게 개발하여 고객의 만족도를 높이기 위한 노력을 기울이고 있다.

Worksheet **LCC의 기내식음료 메뉴**

LCC 항공사별 기내식음료 메뉴를 조사해서 적어보시오.(일반석)

항공사명					
서비스 특징					
노선					
대표 메뉴					
내용					

기내식음료서비스 실무

05

제1절 객실승무원의 용모와 복장

1. 유니폼 착용

객실승무원의 유니폼은 대내적으로는 승무원 간의 일체감과 결속력을 높여주고 대외적으로는 통일된 이미지와 국제적 감각의 세련미를 더해주어 승무원의 이미지를 높이는 데 큰 역할을 한다.

또한 객실승무원의 유니폼은 곧 항공사의 얼굴이자 국가의 이미지와도 연관이 있으며, 객실에서 근무할 때와 승객을 응대할 때는 물론이고, 회사 내에서 또는 해외 어느 곳에서나 많은 사람의 시선을 받게 된다. 그러므로 세련된 감각으로 항상 청결하고 단정하게 유지해야 하며, 유니폼을 착용했을 때는 항상 행동에 유의해야 한다.

유니폼을 착용할 때에는 그 형태나 규격을 임의로 변경할 수 없으며, 각자의 개성과 취향에 따르기보다는 전체 이미지의 통일성이 중요하다.

그러므로 유니폼에 어울리는 Make-up, Hair-do, 액세서리 등 제반 용모·복장 규정을 준수하여 근무에 임해야 한다. 특히 식음료서비스 시 항상 Apron을 착용하여 청결을 유지하도록 한다.

2. 위생과 청결

서비스에 있어 가장 중요하면서도 필수적인 요소가 위생과 청결이다. 이는 개인의 청결문제뿐만 아니라 승객이 보는 앞에서 서비스맨은 손의 사용을 주의 깊게 해야 한다는 의미이다. 특히 객실승무원의 경우 기내에서 식음료를 다루게 되므로 항상 승객의 가시권에 있는 객실승무원의 손은 깨끗하고 청결하게 사용되어야 한다.

근무여건상 승무원의 작업장과 작업과정이 승객의 시야에 드러나게 되어 있는 만큼 승객이 보는 앞에서 기내 복도에 떨어진 오물을 맨손으로 집거나 앞치마를 한 채 화장실을 다니거나 하는 일은 기내의 모든 서비스에 있어 위생문제를 의심하게 한다.

서비스맨은 기본적으로 청결을 유지하기 위해 다음과 같은 사항에 세심한 주의를 기울여야 한다.

- 목욕을 자주 해야 한다.
- 머리나 손과 발 등을 항상 깨끗이 한다.
- 손톱은 청결하게 정돈한다.
- 이는 항상 깨끗이 닦고 냄새가 강한 음식을 먹은 후에는 입 냄새를 없애기 위해 특히 양치질을 잘하도록 한다.

3. Make-up(화장)

승무원은 자신의 매력을 강조하고, 상대방으로 하여금 마음 편하고 따뜻함이 느껴지는 온화한 메이크업을 하는 것이 중요하다. 정도를 넘는 화장은 오히려 보는 이로 하여금 부담스럽고 신뢰감까지 잃게 한다. 식음료를 다루는 객실승무원은 향이 강한 화장품이나 과다한 향수의 사용은 금해야 한다.

객실승무원의 경우, 10시간 이상의 장거리 비행근무 시 기내 조명이 어둡기 때문에 특히 밝고 건강해 보이는 지속성 있는 뚜렷한 화장이 필요하다. 객실승무원의 바람직한 화장은 다음과 같다.

- 밝고 건강하며 자연스러운 메이크업
- 유니폼에 어울리는 메이크업
- 상대방에게 부드러운 인상을 주는 메이크업

4. Hair-do(머리 손질)

승무원의 머리는 항상 단정해야 하고 유니폼이나 얼굴형과 조화를 이루어야 한다. 또한 기내에서 서비스 시 일의 능률과도 직결되므로 업무 특성에 맞는 헤어스타일을 유지하는 것이 중요하다.

식음료서비스 도중 머리에 손이 가지 않기 위해서는 단정하고 깔끔한 Hair-do가 필수적이다.

1) 여성

여성미를 강조함과 동시에 일의 능률을 고려해야 한다. 앞, 옆머리가 흘러내리지 않도록 고정하고, 긴 머리는 단정하게 묶는다. 또한 파마한 머리는 정돈된 느낌이 들지 않으므로 드라이로 깔끔하게 펴는 것이 단정해 보인다.

2) 남성

파마, 긴 머리, 단발머리형 등의 헤어스타일은 바람직하지 않다. 또한 앞머리가 흘러내리지 않도록 머릿결에 따라 포마드나 물기름, 무스 등을 발라야 한다. 그러나 지나치게 반짝거릴 정도로 바르는 것은 보는 이에게 부담을 줄 수 있다. 그리고 옆머리는 귀를 덮지 않아야 하고 뒷머리는 셔츠 깃의 상단에 닿지 않도록 하는 것이 단정해 보이므로 항상 유의한다.

객실승무원의 이미지메이킹

- 밝고 호감 가는 미소와 단정한 용모
- 시간 약속을 지키는 정확성
- 무슨 일이든지 솔선수범하는 자세
- 적극적이고 긍정적인 마음가짐
- 강한 체력과 인내심
- 항상 누구에게나 먼저 인사하는 자세
- 맡은바 임무를 성실히 완수해 내는 책임감
- 끊임없는 자기 계발의 노력

제2절 서비스 기본 자세와 원칙

> 사람들은 적절하게 존중하는 표현에 감사하며 좋은 태도와 예절 바른 사람과의 관계를 좋아한다. 고객의 인식에 영향을 미치는 행동은 고객과의 상호작용과 서비스를 제공하는 능력에도 영향을 미친다. 이 기술은 언어, 행동, 복장, 대화 등 모두가 고객에게 제공되는 유·무형의 서비스들이다. 즉 밝은 표정, 단정한 용모, 아름다운 자세, 적극적인 마음가짐 그리고 친절한 말씨와 세련된 대화 등 전반적인 것이라고 할 수 있다.

1. 서비스 기본 자세와 동작

기내에서 이루어지는 승무원의 말씨나 태도, 표정, 용모 등 사소한 일일지라도 승무원이 하는 행위 자체가 승객의 호의를 사거나 반대로 불쾌한 인상을 줄 수 있다는 사실을 명심해야 한다.

그러므로 승객응대를 위한 기술은 곧 아름다운 매너와 세련된 화법의 개발에 있다고 할 수 있다.

가. 밝은 표정

밝게 웃는 얼굴로 승객을 응대하는 것은 서비스의 기본 자세이다. 승객응대 때 언어적 표현보다 비언어적 표현이 의미의 전달 비중이 크며, 그중 얼굴 표정이 많은 비중을 차지하므로 항상 밝은 표정을 유지하도록 한다.

고객을 처음 대면했을 때 고객의 표정을 살펴 응대하게 되는 것은 지극히 당연한 일이다. 왜냐하면 고객의 표정에서 곧 고객의 마음을 읽을 수 있기 때문이다.

그러나 서비스맨은 그 이전에 기본적으로 고객이 편안한 마음을 가질 수 있는 친근감을 주는 표정을 갖추고 있어야만 한다. 고객도 서비스맨의 표정에 따라 서비스맨의 친절과 상냥함을 판단하게 되기 때문이다. 고객에게 어떠한 형태의 서비스를 하건 고객 앞에 얼굴이 가장 많이 보이게 되는 서비스맨은 고객과의 좋은 인간

관계 형성을 위해 고객의 입장에서 보았을 때 바르게 표현될 수 있는 표정 관리가 필요하다.

나. 편안함을 주는 시선 처리

아무리 말씨나 태도가 훌륭한 승무원이라 할지라도 얼굴 표정에 있어 시선 처리를 바르게 하지 못하면 효과는 반감되고 만다. 올바른 시선 처리는 곧 서비스맨의 자신감과 고객에 대한 공손함을 의미한다.

- 고객과 오래 대화를 할 경우에는 일반적으로 고객의 양 미간과 눈을 번갈아 보면서 시선을 보는 것이 고객 입장에서 편안함을 느낄 수 있다. 오랜 시간 대화하는 경우 고객의 미간을 보다가 여백, 즉 고객과의 대화의 중심이 되는 쪽, 앞에 놓인 서류, 제시하는 방향, 찻잔 등으로 시선 처리를 한다.
- 어떠한 경우라도 고객의 신체 위 아래로 시선을 돌리는 것은 좋지 않다.
- 다른 사람의 말을 들을 때 될 수 있으면 눈을 보고, 자신이 이야기할 때는 시선을 조금 아래로 향하는 것이 좋다. 단, 이야기의 핵심이나, 고객의 동의를 구하고 싶을 때는 시선을 고객의 눈에 두어 의지를 표현할 수 있다.
- 서비스맨은 적당한 위치에서 고객과 시선을 맞추도록 한다. 눈의 위치를 맞추어서 몸의 높이를 조절할 수 있다.
- 서비스맨의 시선과 얼굴의 방향, 그리고 몸과 발끝의 방향까지 고객의 시선을 향하도록 한다.

다. 올바른 자세와 동작

근무에 필요한 바르고 세련된 자세와 동작을 몸에 익혀 자연스럽게 표현하도록 해야 한다. 특히 기내에서 승무원좌석은 승객좌석과 마주보고 있으므로 다음과 같은 자세와 동작에 유의한다.

1) 바르게 앉은 자세

- 의자 깊숙이 엉덩이가 등받이에 닿도록 앉는다. 의자 끄트머리에 걸터앉는 것은 보기도 좋지 않을뿐더러 불안정하고 쉽게 피곤해지는 자세이다.
- 등과 등받이 사이에 주먹 한 개가 들어갈 정도의 거리를 두고 등을 곧게 편다.
- 상체는 서 있을 때와 마찬가지로 등이 굽어지지 않도록 주의하고 머리는 똑바로 한 채 턱을 당기고 시선은 정면을 향한다(시선은 상대의 미간을 본다).
- 손은 양 겨드랑이가 몸으로부터 떨어지지 않도록 해서 가지런히 무릎 위에 모으고 발은 발끝이 열리지 않게 조심하고 발끝은 가지런히 모아 정면을 향하게 한다.
- 양다리는 모아서 수직으로 하며 오래 앉아 있을 경우 다리를 좌우 어느 쪽으로 방향을 틀어도 무방하다. 쉬고 있을 때는 다리를 꼬아 옆으로 틀어도 괜찮지만 이러한 경우 다리선은 가지런히 하여 발끝까지 쭉 펴서 반듯하게 보이도록 한다.
- 팔짱을 끼고 무릎을 떨거나, 다리를 꼬아 앉거나 벌어지지 않도록 유의해야 한다.

2) 앉고 서는 법

대체로 의식하지 않고 무의식중에 하는 것이 앉고 서는 법이다. 그러나 앉고 서는 모습만 보아도 연령을 분명히 알 수가 있다. 자칫 긴장하지 않으면 털썩 주저앉는다거나 일어설 때도 노인들처럼 상체를 많이 굽힌 지친 모습으로 일어서기 쉽다.

① 여자

- 한쪽 발을 반보 뒤로 하고 몸을 비스듬히 하여 어깨 너머로 의자를 보면서(접혀진 승무원 좌석은 한 손으로 의자를 아래로 내려놓고) 한쪽 스커트 자락을 살며시 눌러 의자 깊숙이 앉는다.
- 뒤쪽에 있던 발을 앞으로 당겨 나란히 붙이고 두 발을 가지런히 모은다.

- 양손을 모아 무릎 위에 스커트를 누르듯이 가볍게 올려놓는다.
- 어깨를 펴고 시선은 정면을 향하도록 한다.

② 남자

- 의자의 반보 앞에 바르게 선 자세에서 한 발을 뒤로 하여 의자 깊숙이 앉는다.
- 정지 동작을 살리며 바른 자세로 앉는다.
- 발을 허리만큼 벌리고 양손은 가볍게 주먹을 쥐어 양 무릎 위에 올려놓는다.
- 어깨를 펴고 시선은 정면을 향하도록 한다.

3) 서 있는 자세

- 발뒤꿈치를 붙이고 발끝은 약 30도 정도로 V자형으로 한다. 남성의 경우라면 양발을 허리 넓이만큼 벌려 서 있는 것이 좋다.
- 몸 전체의 무게 중심을 엄지발가락 부근에 두어 몸이 위로 올라간 듯한 느낌으로 선다.
- 머리, 어깨 등이 일직선이 되도록 허리는 곧게 펴고 가슴을 자연스럽게 내민 후, 등이나 어깨의 힘은 뺀다.
- 아랫배에 힘을 주어 당기고, 엉덩이를 약간 들어 올린다.
- 양손은 가지런히 모아 자연스럽게 내려뜨린다.
  여성의 경우 오른손이 위로 가게 하여 가지런히 모아 자연스럽게 내리고, 남성의 경우 손을 가볍게 쥐어 바지 재봉선에 붙인다. 이때 양손을 약간 둥글게 하면 보다 정중한 인상을 준다.
- 얼굴은 턱을 약간 잡아당겨 움직이지 않도록 하고 시선은 정면을 향하며 입가에 미소 또한 잊지 않는다. 그리고 머리와 어깨는 좌우로 치우치지 않도록 유의한다.
- 오래 서 있어야 할 때에는 여성의 경우 한 발을 끌어당겨 뒤꿈치가 다른 발의 중앙에 닿게 하여 균형을 잡고 서 있으면 훨씬 편안하게 느껴질 것이다.
- 대기 자세에서 고객을 응대할 때는 즉각 대기 자세를 풀고 고객에게 다가가는

제스처가 필요하다. 이때 고객을 정면으로 하여 45도 정도의 각도를 유지하고 80cm에서 1m 정도의 거리에서 고객과 마주 보고 서는 것이 가장 편안한 거리이다.

4) 인사하는 자세

- 1단계 : 곧게 선 상태에서 상대방과 시선을 맞추고 난 다음 등과 목을 펴고 배를 끌어당기며 허리부터 숙인다.
- 2단계 : 머리, 등, 허리선이 일직선이 되도록 하고 허리를 굽힌 상태에서의 시선은 자연스럽게 아래를 보고 잠시 멈추어 인사 동작의 절제미를 표현한다. 인사하는 동안 미소가 얼굴에 머물도록 한다.
- 3단계 : 너무 서둘러 고개를 들지 말고 굽힐 때보다 다소 천천히 상체를 들어 허리를 편다. 고개를 까딱하는 인사가 아니라 허리로 인사해야 품위 있게 인사할 수 있다. 인사는 허리를 굽혀 자연히 머리가 숙여지는 것이지 고개만 까딱하는 것이 아니다.
- 4단계 : 상체를 들어 올린 다음, 똑바로 선 후 다시 상대방과 시선을 맞춘다.

① 여자

- 손은 오른손이 위로 오도록 양손을 모아 가볍게 잡고 오른손 엄지를 왼손 엄지와 인지 사이에 끼워 아랫배에 가볍게 댄다.
- 몸을 숙일 때는 손을 자연스럽게 밑으로 내린다.
- 발은 뒤꿈치를 붙인 상태에서 시계의 두 바늘이 11시 5분을 나타내는 정도로 벌린다.

② 남자

- 차렷 자세로 달걀을 쥐듯 손을 가볍게 쥐고 바지 재봉선에 맞춰 내린다.
- 발은 발뒤꿈치를 붙인 상태에서 시계의 10시 10분 정도가 되게 벌린다.
- 몸을 숙일 때는 손이 바지 재봉선에서 떨어지지 않도록 유의한다.

5) 기내 통로에서 걷는 자세

- 가슴을 펴고 등을 곧게 하며, 무게 중심을 발의 앞부분에 두어 조용히 걷는다. 기내 통로를 지날 때 좌석의 승객과 Eye-Contact를 하면서 걷는 경우, 승객의 요구사항을 파악할 수 있다.
- 체중은 발 앞부분에 싣고, 허리로 걷는 듯한 느낌으로 걸어야 한다.
- 손은 앞으로 가지런히 모으거나 옆에 붙이고 평상시 속도보다 천천히 걷는다 (통로에서 뛰지 않도록 유의한다).
- 통로에서 승객과 서로 지나칠 때에는 승객의 행동반경을 옆으로 피하고 가볍게 머리 숙여 인사한다.
- 발소리가 크게 나지 않도록 자신의 걸음걸이에 주의를 기울여 걷는다. 기내에서 휴식 중인 승객에게 무심코 들려오는 승무원의 요란스런 발소리는 귀에 거슬리게 된다. 발소리가 나지 않도록 발 앞끝이 먼저 바닥에 닿도록 하여 전면에 일직선이 그어져 있는 듯 가상하여 똑바로 걷는다.

6) 방향 지시

- 가리키는 지시물을 복창한다.
- 손가락을 모으고 손 전체로 가리킨다.
- 손을 펴는 각도로 거리감을 표현한다.
- 시선은 상대의 눈에서 지시하는 방향으로 갔다가 다시 상대의 눈으로 옮겨 상대의 이해도를 확인한다.
- 우측을 가리킬 경우는 오른손, 좌측을 가리킬 경우는 왼손을 사용한다.
- 사람을 가리킬 경우는 두 손을 사용한다.

7) 물건을 집을 때의 자세

- 다리를 붙이고 깊게, 옆으로 돌려 앉으며 상체는 곧게 편다.
- 특히 치마를 입고 물건을 집을 경우 뒷모습에 유의한다.

아름다운 서비스 자세와 동작의 기본

- 등을 곧게 편다.
- 손가락을 가지런히 모은다.
- 물건을 주고받을 때는 양손으로 한다.
- 동작은 하나하나 절도 있게 한다.
- 동작의 속도는 갈 때는 보통, Stop Motion, 되돌아올 때는 천천히 한다.
- 고객응대의 시작과 마무리에는 눈 맞춤을 한다.

2. 승객응대 자세

가. 승객응대 기본 자세

- 승객의 1열 앞, 80cm~1m 정도 거리에 45도 각도로 승객과 정면으로 선다.
- 등을 곧게 펴고 15도 정도로 허리를 굽혀 승객 눈높이에 맞추도록 한다. 이때 양 다리, 발꿈치는 붙이고 몸의 중심은 양 다리에 둔다.
- 손은 여자는 오른손이 위쪽, 남자는 왼손이 위쪽으로 오도록 가지런히 모은다.
- 승객에게 너무 가까이 다가가 고객의 영역을 침해하거나 너무 바짝 붙어서 응대하지 않도록 유의해야 한다.

공간적 신호

일반적으로 서로의 간격을 침해하게 되면 사람들과 편안한 단계는 감소되며 방어적으로 변하고 불쾌한 감정을 품게 될지도 모른다. 사람들이 공간의 방해에 어떻게 반응하는지 인식하는 것이 고객서비스 측면에서 중요하다. 즉 공간적 거리도 상호관계에 유의해야 하는 요소가 된다.
고객에게 불쾌감을 주지 않도록 고객과의 적당한 거리도 생각해서 자신의 위치를 결정하는 것이 중요하다. 서비스맨이 고객 앞의 적당한 거리에서 정중하게 응대하는 자세 하나만으로도 충분히 바람직한 비언어적 표현이 된다.

나. 물건 주고받을 때의 자세

- 전달받을 사람에 대해 공손한 위치를 선택하여 일단 멈춰 선다.
- 밝은 표정과 함께 시선은 상대방의 눈과 전달할 물건을 본다.
- 물건을 건네는 위치는 가슴부터 허리 사이가 되도록 하며, 반드시 양손을 사용하여 정중히 전달한다.
- 작은 물건일 경우, 한 손을 다른 한쪽 손의 밑에 받친다.
- 알약, 바늘 등과 같이 작고 다루기 조심스러운 물건은 칵테일 냅킨 등을 이용하여 전달한다.
- 물건을 전달하면서 전달하는 물건을 말한다.
- 상대방의 입장과 편의를 고려하여 전달한다.
- 물건 전달 후 다시 상대의 눈으로 옮겨 물건이 올바르게 전달되었는지 확인한다.

제3절 기내식음료서비스 원칙

1. 기내식음료서비스 기본 원칙

> 기내식음료서비스 원칙은 일반적인 호텔, 레스토랑의 식음료서비스와 동일하나 항공기내 여건으로 인한 특징적인 요소들이 있다. 무엇보다 기내식음료서비스는 제한된 공간에서 서비스 순서 및 시점을 염두에 두고 효율적으로 수행해야 하는 점이 중요하다.

- 항상 밝은 표정과 명랑한 태도를 유지하며 올바른 서비스 매너를 갖추어 응대한다.
- 용모와 복장은 항상 청결하고 단정하게 한다. 특히 장거리 비행 중에 수시로 용모를 점검하여, 항상 깔끔하고 단정한 모습을 유지하도록 한다.
- 서비스 시작 전후 반드시 손을 씻고 청결을 유지해야 한다.
  음식을 직접 만지는 경우, 반드시 비닐장갑을 착용한다.
- 서비스 전 손에 로션을 바르지 않으며 향수를 지나치게 많이 사용하지 않도록 한다.
- 모든 식음료는 뜨겁게 서비스해야 할 것은 뜨겁게, 차갑게 서비스해야 할 것은 차갑게 제공한다.
- 식기도 더운 요리에는 뜨거운 접시를, 차가운 요리에는 차가운 접시를 사용한다.
- 모든 음료를 서비스할 때에는 Cart 서비스를 제외하고 반드시 Tray에 준비하여 서비스한다.
- 모든 음료를 서비스할 때에는 Meal Tray 위에 서비스할 때를 제외하고 반드시 Cocktail Napkin을 받쳐서 서비스한다.
- 접시를 다룰 때 엄지손가락이 접시의 테 안쪽으로 들어가지 않도록 하여 바깥 부분을 눌러 잡고 손가락이 접시 중앙으로 향하지 않도록 하여 나머지 손가락은 접시의 뒷면을 받친다.

- 회사 로고가 있는 식기들은 로고가 승객의 정면에 오도록 한다.
- 컵이나 접시를 놓을 때는 승객의 머리 위에서 테이블로 내려놓지 말고 승객 옆에서 한쪽을 테이블에 먼저 걸치고 손가락을 빼면서 조용하고 조심스럽게 놓는다.
- 승객을 마주 보아 왼쪽 승객에게는 왼손으로, 오른쪽 승객에게는 오른손으로 서비스하되, 뜨겁거나 무거운 것을 서비스할 때에는 편한 손으로 서비스한다.
- 창 측 안쪽 승객부터 서비스하여, 남녀 승객이 같이 앉아 있는 경우라면 여자 승객에게, 어린이 동반 승객, 노인 승객에게 먼저 주문받고 서비스한다.
- 통로 측 승객부터 회수하되, 창 측 승객이 먼저 끝난 경우에는 통로 측 승객에게 양해를 구한 후에 회수한다. 식음료를 서비스할 때와 회수할 때에는 절대로 승객의 머리 위를 스쳐 지나가면 안된다.
- 음료컵을 회수할 때에는 회수해도 좋은지 Refill 여부를 반드시 확인하며, 시간적 여유를 갖고 회수한다.
- 반드시 손님과 눈을 맞추고 바른 자세로 한마디라도 대화를 하며 서비스하도록 한다.
- 서비스 도중 머리를 쓰다듬거나 코를 만지지 않는다.
- 승객과 대화할 때 승객의 팔걸이에 걸터앉거나 승객의 후방에서 이야기하지 않으며 좌석 등받이에 몸을 기대거나 손을 올려놓지 않는다.
- 승객의 고유 영역을 침해하여 바짝 붙어서 소곤거리는 것을 삼가야 한다.
- 비행 중 승객 호출 버튼에 우선적으로 즉각 응대한다.
- 비행 중 승객의 요구에 응하지 못할 경우 사유를 설명하고 그에 상응하는 것을 대신 권유한다.
- 비행 중 항상 승객을 주시하며, 도움이 필요한지 여부를 살핀다.

친절 서비스

- 고객의 입장에서 서비스한다.
- 능동적이고 적극적으로 서비스한다.
- 즐거운 마음으로 정성을 다해 서비스한다.

2. 기물 취급 요령

가. Cart

종 류	용 도
Meal Cart	• Meal 서비스 및 회수 • Entrée 탑재
음료 Cart	• 음료 탑재 및 서비스
Serving Cart	• 신문 서비스 • Headphone 서비스 및 회수 • Cart를 이용하는 식음료서비스

1) Meal Cart

- Door를 여닫을 때에는 Locking 고리를 이용한다.
- Cart 정지 시 반드시 Pedal을 이용하여 고정시킨다.
- 이동 때 Cart 안의 내용물이 흐트러지지 않도록 조심스럽게 다룬다.
- Cart는 안정감 있게 두 손으로 잡고, Aisle을 지날 때에는 승객이 다치지 않도록 특히 주의한다.
- Cart를 이동할 때 체중을 싣지 않도록 유의한다.
- Cart에서 Meal Tray를 꺼내거나 넣을 때에는 무릎을 굽히고 자세를 낮추어 허리에 무리가 가지 않도록 주의한다.
- 사용 후에는 Aisle이나 Door 주변에 방치하지 않는다.

2) Serving Cart

- 상단에 Cart Mat를 깔고 사용한다(신문 서비스 시는 제외).
- 상, 중, 하단을 펼쳐 Locking 고리로 고정한다.
- 원칙적으로 하단에는 서비스용품을 놓지 않는다.
- Cart 중단에 있는 물품을 꺼낼 때에는 서비스할 승객의 반대편 방향으로 몸을 이동한다.

- Cart를 이동할 때 체중을 싣지 않도록 유의한다.
- 사용 후에는 접어서 제자리에 보관하고 Aisle이나 Door 주변에 방치하지 않는다.

나. Tray

종 류	용 도
Large Tray	• Basic Meal Tray • 음료서비스 및 회수 • 각종 서비스 및 회수
Small Tray	• Basic Meal Tray • 음료 등 Individual 서비스 및 회수 • Tea/Coffee 서비스
2/3 Tray	• Basic Meal Tray

- 사용 전 Tray Mat를 깔아 서비스용품의 미끄러짐을 방지한다.
- 엄지손가락은 Tray의 장축을, 나머지 손가락은 아랫부분을 받쳐 잡는다.
- Tray를 잡을 때에는 긴 쪽이 통로와 평행이 되도록 한다. 드는 높이는 가슴과 수평이 되도록 하며 그보다 낮거나 높게 들지 않는다.
- 서비스 때 승객에게 Tray 밑면이 보이지 않도록 하며 옆구리에 끼거나 흔들고 다니지 않는다.
- 회수 때 Tray의 위치는 항상 통로 쪽에 위치하도록 한다.
- Cup 등 제공된 서비스물품을 회수할 때에는 몸의 가까운 쪽부터 놓는다.

다. Basket

종 류	용 도
Bread Basket/Tongs	Bread, 땅콩 등 서비스
Towel Basket/Tongs	Towel 서비스 및 회수

- 손바닥으로 Basket의 바닥을 받쳐 안정감 있게 잡는다.
- 서비스 중이 아닐 때 Tong은 Basket 아래에 두도록 한다.
- 바닥에 내려놓지 않도록 한다.

라. Cup

종 류	용 도
Plastic Cup(6oz)	주스, 칵테일 등 일반 음료
Plastic Cup(4oz)	Wine
Paper Cup(6oz)	Coffee, Tea
Paper Cup(3oz)	Water Fountain용

- 승무원이 다루는 서비스 기물 중에서 승객의 입에 가장 많이 닿는 물건 중의 하나이다.
- 엄지, 둘째, 셋째 손가락으로 밑부분을 잡고 넷째, 다섯째 손가락은 Cup의 밑바닥을 받친다.
- 차가운 술인 경우에는 글라스의 목부분(Stem)을 잡는다.
- 항공사 Logo가 있는 경우 승객의 정면에 오도록 한다.
- 입이 닿는 Cup의 윗부분은 만지지 않으며 안쪽에 손가락을 넣어서는 안된다.
- 음료서비스 시 승객테이블 위에 글라스나 컵을 놓을 때 소리가 나지 않도록 하고 놓은 후에는 반드시 승객 앞으로 살며시 밀어드린다.
- 승객테이블 위에 음료를 놓을 때 반드시 Coaster나 Napkin을 깔고 서비스 한다.
- 음료를 따를 때 글라스에 병이 닿지 않도록 띄어서 따른다.

마. Cutlery

종 류	취급요령
Knife Fork Tea Spoon Soup Spoon/Chopstick(한식용)	• 목 부분을 잡는다. • 개별서비스 때 나이프는 칼날이 안쪽으로 향하도록 놓는다. • 테이블에 놓을 때는 포크는 왼쪽, 나이프를 오른쪽에 놓는다.

- Cutlery는 항상 청결하게 서비스한다.
- Knife를 취급할 때 특히 승객 앞에서는 주의를 기울여 조심스레 취급하며 다른 용도로 사용하지 않는다.
- 개별로 서비스할 때에는 승객의 입이 닿는 칼날 부위와 손이 닿는 손잡이 부분을 제외한 목 부분을 잡는다.

바. Linen

종 류	용 도
Small Linen	Bread Basket, Wine 서비스
Cart Mat	Serving Cart 상단

- 청결한 상태로 구김이 가지 않도록 한다.
- 사용 후 제자리에 보관, 하기한다.

사. 기타 기물

종 류	용 도
Ice Bucket/Tongs	Ice Cube 서비스
Ice Scoop	Ice Cube를 떠서 담는 데 사용
Ice Pick	덩어리진 Ice Cube를 부수는 데 사용
Pot	Tea/Coffee 서비스
Muddler Shelf	Sugar, Creamer, Tea Bag, Muddler 등 항상 보관
석면장갑	Entrée Setting

- Ice Scoop, Ice Pick, 석면장갑 등 Galley 내에서 사용하는 기물은 Galley 밖 승객의 가시권 내에서는 사용하지 않는다.

아. 기물 사용 원칙

- 이륙 전 비행 준비 점검 때 탑재된 기물의 종류와 청결상태를 확인한다.
- 사용 전 기물의 청결상태를 다시 한 번 확인 후 사용한다.
- 기물은 서로 부딪치거나 소리가 나지 않도록 조심스럽게 다룬다.
- 음식이 닿는 부분, 입이 닿는 부분에 손이 닿지 않도록 주의한다.
- Galley 내에서 사용하는 기물은 승객에게 서비스할 때 사용하지 않는다.
- 사용 후 기물은 깨끗이 하여 제자리에 보관한다.
- 모든 기물은 경유지에서 하기하지 않는다.

Worksheet Service Dos and Don'ts

다음 객실 식음료서비스 시 반드시 지켜야 할 사항과 하지 말아야 할 중요 사항을 적어 보시오.

	○ Dos	× Don'ts
표정 시선		
용모 복장		
자세 동작		
대화		
서비스 원칙		
기타		

제4절 기내식음료서비스 실무(일반석 장거리)

1. 식음료서비스 준비

> 객실승무원은 항공기 탑승 후부터 승객 탑승 전까지 Pre-Flight Check 시 비행안전 점검과 함께, 각자 맡은바 임무에 따라 각 담당 구역별로 비행 중 기내식음료서비스에 차질이 없도록 물품점검 및 준비를 한다.

식음료서비스 준비를 위해 Galley Duty는 비행 전 점검 시 Galley에 설치되어 있는 Oven, Water Boiler, Waste Container 등 갤리 내 각종 설비에 이상이 없는지를 점검하며, 기종에 따라 사양과 작동 방법에 다소 차이가 있으므로 사전 숙지하여 사용에 주의해야 한다.

가. Galley 점검

- 각 Compartment 청결 및 정돈상태
- Oven, Coffee Maker, Water Boiler 작동상태 및 Air Bleeding

Air Bleeding

Water Boiler 작동 때 Hot & Cold Faucet(수도꼭지)로부터 기포가 없는 정상적인 물이 연속적으로 나올 때까지 충분히 물을 빼주는 것을 말하며, 갤리 점검 때 반드시 Air Bleeding을 실시한 뒤에 전원을 켠다. Air Bleeding이 충분치 않은 상태에서 Water Boiler를 사용할 경우 과열에 의한 화재 발생의 요인이 된다.

- 기내식음료, 기물, 서비스용품의 위치, 수량 및 상태 점검

기내식 목록에 의거하여 품목, 수량 및 상태를 확인한다.

- 기내식 : Meal Entrée와 Tray(특별식 탑재 여부)
- 기내음료 : 주스, Soft Drink, 알코올 음료, 생수, 우유, Tea 등
- 기물 : Coffee Pot, Tray, Muddler Box, Basket류 등

• 기타 서비스용품 : Cocktail Napkin, Cart Mat, Paper Cup, Plastic Cup, Muddler, Cream & Sugar, Tray Mat 등

나. 서비스물품 점검 및 준비

- 각 갤리 Duty는 해당노선에 필요한 서비스기물, 서비스물품 및 기내식의 탑재 내역을 최종 확인하고 사무장에게 보고한다. (이때 탑승객 수, Meal 횟수, 특별식 등을 정확히 확인하여 점검한다.)
- Galley Duty 승무원은 탑승객 수를 감안하여 필요한 White Wine, Beer 및 각종 음료를 Chilling한다. (음료 Chilling은 냉장고, Ice, Dry Ice를 이용하며, 우유, Wine 등은 팩과 Label의 유지를 위해 비닐 백을 이용한다.)
- 해당 클래스의 경우, 메뉴북(Menu Book) 탑재위치, 청결상태 및 수량을 확인한다.
- 각종 기물을 정리하여 보관한다.
- Serving Tray 위에 Tray Mat를 깔아 준비해 놓고 Muddler Box를 채워 놓는다.
- Carrier Box, Cart, Compartment 외부에 기재되어 있는 품목을 확인한다.
- 항공사 기념품, 기종별 장애인을 위한 시설이나 기구 등을 확인한다.

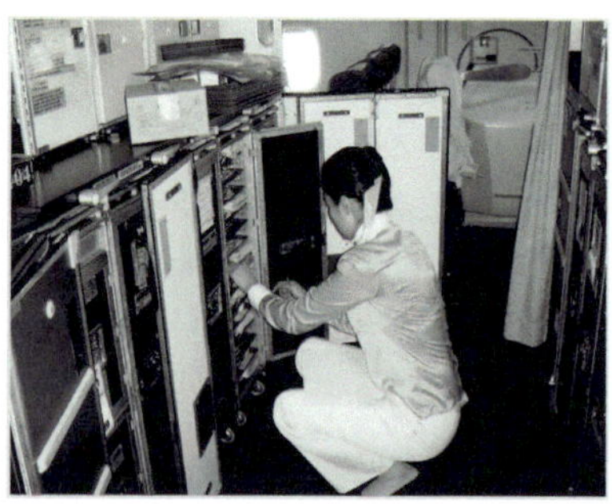

2. 기내식 서비스

> **1차 기내식 서비스**
>
> - Menu Book
> - Towel
> - 식전 음료(Apéritif)
> - Meal Tray
> - Wine, Water
> - Coffee, Tea
> - Meal Tray 회수

Galley 브리핑

서비스 시작 전 각 구역별로 갤리 내에서는 원활한 기내식 서비스를 위한 Galley 브리핑을 실시하게 된다. 이는 탑승객 정보, 서비스 내용, 방법, 진행요령, 유의사항, 특별식 등 Meal 내용 및 수량 등을 Galley 내의 승무원이 상호 재점검함으로써 식사 서비스 진행에 착오가 없도록 하기 위함이다.

가. Menu Book(해당 클래스에 제공하는 경우)

1) 서비스 준비

- Menu Book의 탑재 위치, 청결상태, 수량 등을 Pre-Flight Check(비행 전 준비) 때 확인한다.
- 담당 승무원은 Zone별 탑승객 수만큼 준비한다.

2) 서비스 요령

- Menu Book Cover가 승객 정면을 향하도록 하여 1매씩 개별 서비스한다.
- Menu 내용 및 조리 방법 등을 미리 숙지하여 승객이 선호하는 음식을 선택할 수 있도록 안내한다.

- 손님, 오늘 ○○까지 가시는 동안 기내에서 드리는 식사와 음료입니다. 천천히 보십시오.
- 손님, 잠시 후 음료와 식사를 드리겠습니다. 메뉴 보시겠습니까? ○○까지 가시는 동안 두 번의 식사와 간식을 드립니다.

나. Hand Towel 서비스

노선, 출발시간 및 식사 종류에 따라 Hot Towel, Disposable Towel을 서비스 한다.

1) Cotton Towel

- 서비스 준비
  - Towel Pack을 Oven에 넣고 기준에 따라 Heating한다.
  - Towel Heating 시간은 항공기종에 따른 Oven의 기능에 따라 차이가 있으나 일반적으로 Med. 20~25분 정도이다.
  - Heating한 Towel을 적당히 Towel Basket에 담고, 필요할 때 Eau de Toilette을 뿌린다.
  - 서비스 직전 온도, 습도, 냄새 등을 점검한다.

- 서비스 요령
  - 담당 Aisle별로 서비스한다.
  - 손바닥으로 Towel Basket의 아랫부분을 받치고 Tong을 이용하여 말린 상태로 서비스하며, 사용하지 않을 때에는 Tong을 Towel Basket 아랫부분에 위치하도록 한다.
  - 회수 때에는 사용한 Towel을 승객이 직접 Basket에 담을 수 있도록 유도하며, 승객이 담아주지 않을 경우 Tong을 이용한다.
  - 회수된 타월은 반드시 회수용 정위치에 보관, 하기하도록 한다.
  - 잔량은 Oven에 다시 보관하여 추후 비행 중 원하는 승객에게 제공하도록 한다.

2) Disposable Towel(일회용 물수건)

- 서비스 준비 : 탑재된 상태 그대로 담당 Aisle의 승객 수에 맞도록 Towel Basket에 가지런히 담아 준비하되 Disposable Towel의 습도를 확인한다.
- 서비스 요령 : 손으로 집어 하나씩 서비스하며, 회수 때에는 승객이 직접 Basket에 담을 수 있도록 유도하고 Towel Tong은 사용하지 않는다.

> - 손님, 식사하시기 전에 물수건 쓰시겠습니까? 뜨거우니 조심하십시오.
> - 손님, 뜨거운 타월 사용하시겠습니까? 잠시 후 음료와 식사를 드리겠습니다.
> - 손님, 다 쓰셨으면 치워드려도 되겠습니까? 네, 알겠습니다. 천천히 사용하십시오.
> - 필요하시면 따뜻한 것으로 한 개 더 가져다 드릴까요?

다. 식전 음료(Apéritif) 서비스

식사 전의 음료서비스는 식욕을 돋우는 역할을 하는 Apéritif의 개념으로서 항공사에 따라 서비스 방법에 약간의 차이는 있으나 대체적으로 출발시간과 비행시간, 그리고 식사시간대에 따라 Tray 또는 Serving Cart를 이용하여 서비스한다.

갤리 담당 승무원은 Juice류, Soft Drink류, 맥주, 생수 등 서비스 전 차게 제공되어야 할 음료의 Chilling상태를 점검하고 서비스 담당 승무원은 Cocktail 제조에 관한 충분한 지식을 가지고 서비스에 임한다.

1) Liquor Cart를 이용한 서비스

일반적으로 비행시간 3시간 이상인 Flight에서 1차 Meal Tray 서비스 전에 실시하며, 모든 음료를 Cart 위에 준비하여 Presentation하고 서비스하는 형식이다.

- 서비스 준비 : 탑재된 Liquor Cart의 상단에 각종 음료를 Setting하고 Cart의 하단 전/후면에 음료서비스에 필요한 물품을 준비한다. 모든 음료 및 주류는 상품의 제호가 승객에게 바로 보일 수 있도록 준비한다. 음료 카트도 전체 승객에게 보여지는 부분이므로 청결하게 준비한다.

Cart 상단

W/Wine, R/Wine, Liquor류	Juice, Soft Drink, Mixer, Milk
Water	Lemon Slice
Muddler	Plastic Cup

Cart 내부

Cherry, Olive, Tomato Ketchup, Mustard, Cocktail Pick, Tooth Pick, Cocktail Napkin, Muddler	Worcestershire, Tabasco, Tomato Ketchup, Mustard, Cocktail Pick, Tooth Pick, Cocktail Napkin, Muddler
Nuts	Nuts
Ice Cube, Tong	Ice Cube, Tong
Beer, Coke, 7-Up	Beer, Coke, 7-Up
우유, 생수, Plastic Cup	Mixer류, Diet Soda류, Extra Juice류

- 서비스 요령
  - 승객에게 제공되는 음료의 종류를 간략히 설명한 후 주문받는다.
  - 맥주, 와인류는 차갑게 Chilling된 상태로 서비스하며, 탄산음료류는 얼음을 넣어 차갑게 제공한다.
  - 음료는 승객의 Tray Table 위에 Cocktail Napkin을 깔아드린 후 서비스한다.
  - Cart에 준비되지 않은 음료는 갤리에서 별도로 준비하여 서비스하며, 기내에서 서비스되지 않는 음료는 양해를 구하고 다른 음료를 권한다.
  - 서비스 흐름에 따라 2회 충분히 Refill한다.

2) Serving Cart를 이용한 서비스

- Liquor Cart가 탑재되지 않는 구간에서 Serving Cart를 이용하여 식전 음료를

제공하거나 2차 식사 서비스가 있는 전 노선에서 2차 Meal Tray 서비스 전에 음료를 제공할 때 사용한다.

- 2차 Meal 서비스 전에는 휴식을 취하고 있던 승객에게 신선한 분위기를 제공하기 위하여 음료와 함께 커피, 차 등 Hot Beverage를 같이 준비하여 서비스한다.
- 서비스 준비
  - Cart 상단에 Cart Mat를 깔고 음료 등 Liquor Cart의 내용물을 상단, 중단에 Setting한다.

Cart 상단

Coffee, Tea	Juice, Soft Drink, Milk
Water	Ice Bucket & Tongs
Lemon Slice	Muddler Shelf
Plastic / Paper Cup	Napkin

Cart 내부

Extra Beverage

Hot Beverage를 서비스하는 경우 Pot를 미리 Warming하여 준비하고 신선한 맛을 위해 커피를 서비스 직전에 Brew한다.

- 서비스 요령 : Liquor Cart를 이용한 서비스와 동일하다.

3) Tray를 이용한 서비스

장거리 노선의 2차 기내식 서비스 전이나 착륙 전 음료서비스 때, 그 외 비행 중 수시로 음료를 제공할 때 사용한다.

- 서비스 준비
  - Large Tray에 승객 분포를 고려하여 충분히 차게 준비한 각종 Juice류, Soft Drink류 등의 모든 음료를 Plastic Cup에 따르고 한쪽에 Cocktail

Napkin을 준비한다. 탄산음료인 경우 반드시 Ice를 넣어 준비한다.

- 필요시 맥주가 준비된 Tray를 맥주 종류별로 따로 준비하여 제공한다. 바스켓에 땅콩 등 스낵류를 준비하여 승객에게 제공한다.

- 서비스 요령
  - Zone별 또는 Aisle별로 기종별 Service Flow에 따라 제공한다.
  - 담당 승무원이 준비된 Tray를 담당 구역별로 들고 나가 승객으로 하여금 음료와 Cocktail Napkin을 직접 집도록 유도하여 제공한다.
  - 준비되지 않은 음료를 주문할 경우 Galley에서 별도로 준비하여 제공한다.

Galley Duty 승무원은 서비스가 진행되는 동안 부족한 음료를 보충한다(Hot Beverage의 경우 적정온도로 제공되도록 한다).
그 외 수시로 Used Cup을 회수하며 Used Cup을 회수 때에는 Refill 여부를 확인하여 원하는 승객에게 별도로 제공한다.

- 손님, 식사하시기 전에 칵테일이나 음료 한 잔 드시겠습니까? 여러 가지 주스류, 칵테일, 주류 등이 준비되어 있습니다.
- 시원한 오렌지주스나 파인주스는 어떠십니까?
- 즐겨 드시는 칵테일이 있으시면 정성껏 만들어 드리겠습니다.
- 식전에 입맛을 돋우기 좋은 와인 한 잔 어떠십니까?
- 손님, 죄송합니다만, ○○는 저희가 서비스하지 않고 있습니다. 대신 ○○○는 어떠십니까?
- 손님, 위스키 스트레이트와 함께 물이나 7-Up을 드시겠습니까?

서비스 후

- Gin Tonic은 어떠셨습니까? 마음에 드셨다니 감사합니다. 한 잔 더 드시겠습니까?
- 음료 더 드시겠습니까? Guava Juice는 맛이 좋으셨습니까? 제가 한 잔 더 드리겠습니다.
- 아까 드신 음료가 ○○셨지요? 한 잔 더 드시겠습니까?

라. Meal Tray 서비스

1) 서비스 준비

- Entrée의 메뉴에 따라 Heating 기준에 맞게 Heating하되 Entrée Setting 시점과 서비스진행 정도를 감안하여 승객에게 적정온도로 서비스 되도록 유의한다.
- 승무원은 Meal 서비스 전 Entrée의 Heating상태를 확인하고 Menu 내용 및 조리 방법 등을 기내식의 메뉴를 미리 숙지하여 승객이 선호하는 음식을 선택할 수 있도록 안내한다.

일반석은 식사 서비스에 있어서 Entrée가 차지하는 비중이 크므로 주재료, 요리방법, 소스, 곁들여진 야채와 Starch의 종류(밥, 국수, 감자 등)에 대한 자세한 정보를 숙지해야 한다.

- 각 Zone의 승객 수 및 승객 성향을 고려하여 Red Wine과 Chilling된 White Wine을 미리 Open하여 Breathing한다.
- 빵이 Tray에 올려진 경우 별도의 빵 Warming이 불필요하나 Bulk로 탑재된 경우 오븐을 이용하여 Warming한다. 이때 빵의 형태가 변형되거나 지나치게 타지 않도록 유의한다.

Croissant, Garlic Bread 등은 Crispy한 맛을 느낄 수 있도록 Heating Pack을 사용하지 않고 오븐팬에 호일을 깔고 직접 올려 Heating한다. 이때 빵의 형태가 변형되거나 지나치게 타지 않도록 유의한다. 남은 빵은 Meal 서비스 도중 Refill을 위해 여열이 있는 Oven에 남겨두어 서비스한다.

- 식사 서비스 때 필요한 물품을 Cart에 준비한다.
- White/Red Wine, Beer 등 음료와 소스류(고추장) 준비

식전 음료서비스 때 담당구역 승객이 선호하는 음료를 파악하여 식사 서비스 때 지속적으로 제공한다.

2) 양식 서비스 요령

- 승객의 Tray Table을 편다.
- Entrée의 종류 및 내용, 조리법 등을 간략히 설명한 뒤 승객으로부터 Meal 선택을 받는다.
- 승객이 원하는 Meal 선택이 불가능할 경우 정중히 양해를 구하고 다른 메뉴를 권하여 제공한다.
- Tray 위의 내용물을 정리하여 Entrée가 승객 앞쪽으로 놓이도록 제공한다.
- 빵을 별도로 서비스해야 하는 경우 Cart 위에 올려 Tray와 함께 제공한다.
- Tray를 서비스한 후 Wine을 권하여 제공한다.
- Entrée의 Menu에 따라 필요한 Sauce류도 같이 준비하여 승객에게 권한다.

3) 한식 서비스(비빔밥) 요령

- 승객의 Tray Table을 펴드린다.
- Tray는 비빔나물과 밥이 승객 앞쪽으로 놓이도록 제공한다.
- Tray 서비스 후 미역국을 드실 수 있도록 뜨거운 물을 곧바로 제공한다.
- 뜨거운 물을 서비스한 후 와인, 그 밖의 음료를 권하여 제공한다.
- 외국인 승객에게 비빔밥을 서비스하는 경우, 간단히 취식방법을 설명한다.

일반석 식사 서비스에 있어 중요한 점은 기내식 앙트레의 적정온도 유지를 위해 서비스 시작과 끝의 시차가 적어야 하므로 가급적 일반석의 전체 Meal Tray 서비스가 신속히 종료될 수 있도록 하는 것이다.

Meal 서비스 시 유의사항

- Meal Cart를 이용하지 않고 개별적으로 Meal Tray를 승객에게 제공할 때에는 Meal Tray를 두 개 이상 포개어 들고 서비스하지 않는다.
- Meal Tray를 승객의 머리 위로 전달하지 않는다.
- Meal Tray를 승객의 Table 위에 내려놓을 때 소리내지 않는다.

- 손님, 저녁식사가 준비되어 있습니다. 제가 Table을 펴드릴까요?
  네, 오늘 저녁식사로는 백반을 곁들인 불갈비와 버섯 소스를 얹은 도미찜이 준비되어 있습니다. 어느 것으로 드시겠습니까? 도미찜은 고추장과 함께 드시면 아주 맛이 좋습니다.
  Wine은 프랑스산 Red Bordeaux와 White Burgundy가 있습니다.
- 식사가 준비되었습니다. 파스타가 곁들여진 호이신 소스의 닭가슴살요리와 비빔밥이 있습니다. 어느 것으로 드시겠습니까?
- 오늘 식사로는 소고기 스테이크와 중국식 칠리 소스를 곁들인 농어요리가 있습니다. 네, 스테이크로 드시겠습니까? 스테이크에는 French Red Wine이 잘 어울리는데 함께 드시겠습니까? 맛있게 드십시오.

모두 서비스된 식사를 주문 시

- 손님, 대단히 죄송합니다. 마침 비빔밥은 전부 서비스되고 없습니다. 백반을 곁들인 생선요리에 고추장과 함께 드시면 맛있습니다. 다음 아침식사에는 꼭 원하시는 식사를 드실 수 있도록 먼저 주문을 받겠습니다. 감사합니다.
- 손님, 죄송합니다만 주문하신 ○○가 전부 다 서비스되고 없는데 잠시만 기다려주시면 앞쪽에 여유가 있는지 확인해 보겠습니다.

확인 후

- 정말 죄송합니다. ○○ 대신에 ○○○는 밥이 있어서 고추장과 함께 드시면 입맛에 맞으실 겁니다.

마. Water/Wine Refill

- Meal Tray 서비스가 끝나면 Meal Cart를 갤리 내의 정위치에 보관하고 Hot Beverage 서비스 준비를 확인한다.
- Meal 서비스와 동일한 Flow로 물과 와인을 서비스한다.
- 와인의 품명 및 특성 등을 확인한 후, 와인 서비스 요령에 의거하여 Refill 한다.
- 물과 와인의 잔량이 1/3 이하 정도일 경우 Refill하며, 반드시 2회 이상 적극 권유하여 충분히 서비스한다.

Wine 서비스 요령

- 원하는 와인을 선택받는다.
- 간략히 Wine을 소개하며 라벨을 보여드린다. 전면 라벨을 고객이 볼 수 있도록 병의 Back Label을 움켜쥐면서 와인병을 잡는다.
- 와인을 따른다(필요시 와인 Tasting).
  - 와인을 따를 때는 병의 몸통부분을 잡는 것이 가장 안전한 법이나, 때로는 병의 펀트부분에 엄지손가락을 넣어 와인병을 잡고 따르는 방법도 있다.
  - 와인잔 가장자리에 병입구를 대고 와인병 입구가 유리잔에 닿지 않도록 한다. 와인을 콸콸 쏟아붓듯이 따르지 말고, 시냇물이 졸졸 흐르듯 경쾌하게 따른다.
  - 일반적으로 잔의 1/2만큼만(2/3 이하) 따르며 잔이 클 경우엔 그 이하로 따른다.
  - 글라스에 적당량의 와인이 따라졌다고 판단되면, 천천히 병입구를 글라스 중앙으로부터 올려준다. 올리면서 천천히 병을 시계방향으로 약간 돌려주면 와인의 흐름을 방지할 수 있다. 마지막에 병을 살짝 돌리는 것은 와인 방울이 테이블에 떨어지지 않게 하기 위해서다.
  - 따르기 전에 병을 흔드는 것은 절대 금물이다. 고급 와인일수록 침전물이 병 밑바닥에 많이 깔려 있어 불순물이 따라질 염려가 있기 때문이다.
- 따른 후에는 Eye Contact & Smile한다.
- 다른 술 종류와 달리 와인은 식사도중 계속 Refill한다.

바. Hot Beverage 서비스

1) 서비스 준비

- 커피는 신선한 맛을 위해 서비스 직전에 Brew하여 준비한다.
- Pot 내외부의 청결상태를 확인한 후 뜨거운 물로 Warming하여 준비한다.
- Hot Beverage 서비스용 Small Tray에 설탕, 크림 등을 추가로 준비한다.

2) 서비스 요령

- Dessert와 함께 드실 수 있도록 승객의 취식 정도를 감안하여 적당한 시점에 서비스한다.
- Meal Tray 서비스와 동일한 Flow로 서비스한다.
- 항상 뜨거운 상태로 서비스되도록 한다.
- 승객이 직접 Small Tray 위에 컵을 올려놓고 승무원이 Aisle에서 음료를 따른 후 필요한 차류, 설탕 등을 직접 집도록 권유한다.

- 컵의 2/3 정도(8부) 채워 서비스한다.
- 승객이 홍차를 원하는 경우 레몬을 적극 서비스한다.
- 승객에게 제공할 때 Tray를 낮추어 승객이 컵을 잡기 쉽도록 배려한다.
- 반드시 2회 이상 Refill한다.

> - 커피 드시겠습니까? 프림, 설탕 더 필요하십니까? 커피는 방금 만들어서 향이 아주 좋습니다.
> - 맛있게 드셨습니까? 디저트와 함께 커피 한 잔 하시겠습니까? 네, 녹차는 바로 준비해 드리겠습니다.
> - 네, 카페인이 없는 커피도 있습니다. 곧 가져다 드리겠습니다.

사. Meal Tray 회수

1) 회수 준비

Meal Cart 상단에 Water, Hand Towel, 그리고 Refill을 위해 그 밖의 음료(담당구역의 승객이 식사 중 즐겨 찾는)를 준비한다.

2) 회수 요령

- Meal Tray 회수는 승객의 90% 이상이 식사를 끝냈을 때 시작하며, 식사를 미리 끝낸 승객의 Meal Tray는 개별적으로 회수한다.
- Meal 서비스와 동일한 Flow로 회수하되, 서비스 때와 반대로 통로 측 승객의 Tray부터 회수하고 창 측으로 진행한다. (통로 측 식사가 진행 중인 승객에게는 방해가 되지 않도록 유의한다.)
- 회수 때에는 반드시 승객의 의사를 묻는다.
- 회수 때 깨끗하지 않은 승객 Table은 준비한 Towel로 닦아드린다.
- 회수한 Tray는 Cart의 상단부에서부터 넣는다.
- 각 Zone, 각 Aisle의 회수 속도는 승객의 상황에 따라 다른 점에 유의하여 승객이 충분한 여유를 가지고 드실 수 있도록 한다.

- 식사는 어떠셨습니까? 커피 한 잔 더 드시겠습니까?
- 맛있게 드셨습니까? 커피 한 잔 더 드시겠습니까? 필요하신 것 있으시면 말씀해 주십시오.

식사를 일찍 마친 승객에게

- 불편하실 텐데 다 드셨으면 먼저 치워드릴까요? 맛있게 드셨습니까?
- 맛있게 드셨습니까? 원하시는 식사를 준비해 드리지 못해서 정말 죄송합니다. 다음 식사는 손님께 먼저 주문을 받도록 하겠습니다.

Worksheet **Service Dos and Don'ts**

다음 기내식 서비스 시점별로 업무 수행 시 반드시 지켜야 할 사항과 하지 말아야 할 사항을 적어보시오.

	Dos	Don'ts
Menu 서비스		
타월 서비스		
음료 서비스		
기내식 서비스		
와인, 물 서비스		
티커피 서비스		
Meal Tray 회수		

Worksheet

다음 기내식 서비스 시점별로 발생 가능한 Role-play 상황과 그에 따른 바람직한 응대와 서비스 대화를 적어보시오.

서비스 순서	승객의 요구	응대와 대화
Menu		
Towel		
식전음료 (Aperitif)		
Meal Tray (특별식)		
Wine, Water (Refill)		
Coffee, Tea (Refill)		
Meal Tray 회수		

국제선 장거리 객실서비스 절차에 따른 객실 및 갤리 업무

객실서비스 절차	객실 세부 업무내용	갤리 업무
이륙 후 Fasten Seat Belt Sign Off	• 좌석 벨트 상시착용 안내 • Air Show 상영	• 서비스복장 준비 • 갤리 브리핑 • Towel, Entrée Heating (Heating 시점은 탑승객 수, 기종에 따라 조절) • Liquor Cart Setting
* 1차 기내식 서비스	• 기내조명 조절	• 필요시 Headphone/Menu Book 준비 • Entrée Heating상태 점검
Towel 서비스		• Wine Open
Apéritif 서비스	• Refill 서비스 • 갤리담당은 음료컵 회수	• Entrée Setting(특별식 점검) • Meal Cart 상단 Setting
Meal Tray 서비스	• 특별식 우선 서비스 • Meal Menu 숙지	• Meal Cart 정리 후 보관 • Hot Bev. 준비
Water/Wine Refill		• Meal 회수용 Cart 준비
Hot Beverage 서비스	• Refill 서비스	• Hot Bev.용 Pot 및 기타 서비스용품 정리
Meal Tray 회수		
Aisle Cleaning/ 화장실 점검		• 갤리 정리정돈 • 2차 Entrée 및 음료 Tray 준비 • 2차 서비스음료 Chilling
입국서류 배포	• 입국서류 배포 및 작성협조 • 면세품 판매방송	• 기내판매 준비
면세품 판매	• 판매 및 Delivery • 음료서비스	
승객휴식(영화상영)	• 기내조명 조절 • 승객 Care/Walk Around (음료, 간식 서비스) • 객실쾌적성 유지 • 객실 및 화장실 점검	• Dry Item, Liquor Item Inventory
2차 기내식 서비스 준비		• 2차 Meal Svc. 준비 • Towel Heating • Entrée 해동, Oven Setting 및 Heating

객실서비스 절차	객실 세부 업무내용	갤리 업무
		• 1차 Meal Cart와 2차 Meal Cart 교체 • Tray 음료 준비
* 2차 기내식 서비스 Towel 서비스	• 기내조명 조절	• Hot Towel 준비 • Coffee Brewing • 2차 음료 Cart/Tray Set-up
음료서비스	• Refill 서비스	• Meal Svc. Cart 준비 (Entrée Setting, 빵 Warming)
Meal Tray 서비스 물, Hot Bev. 서비스 Meal Tray 회수		• Hot 서비스 음료, 서비스 준비 • Galley 정리정돈
입국서류 재확인	• 입국서류 작성 재확인	• Inventory 서류 작성 마무리
기장 방송	• Headphone 회수	• Headphone 수거 준비
Approaching Sign	• 착륙안전점검 • 기내도서, 잡지 회수 • 착륙 준비	• Galley 정리정돈 • Liquor Cart Sealing • Galley Comp't Locking상태 점검
Landing Signal 후	• 최종점검 • 승무원 착석 • 기내조명 조절	• 객실 최종 안전점검
착륙 후 Txi-In 중	• Farewell 방송 • 승객착석유지 • Safety Check/Door Open	
승객하기	• 기내조명 조절 • 유실물 점검	• 도착지별 세관규정에 의거 재확인

참고문헌

김한식, 현대인과 와인, 태웅출판, 1990.

대한항공 객실서비스규정집.

대한항공 기내지, Morning Calm.

대한항공 직무훈련 교재.

롯데호텔 식음료 매뉴얼.

롯데호텔 BEVERAGE SERVICE MANUAL.

박영배 외, 식음료관리론, 백산출판사, 1999.

신라호텔 식음료 매뉴얼.

아시아나항공 기내지, Asiana.

아시아나항공 업무규정집.

아시아나항공 직무훈련 교재.

염진철 외, 고급서양요리, 백산출판사, 2004.

진양호, 현대서양요리, 형설출판사, 1990.

최수근, 서양요리, 형설출판사, 1993.

호텔신라 서비스교육센터, 현대인을 위한 국제매너, 1994.

FOOD & BEVERAGE, 대한항공 객실훈련원.

Jens Priewe 저, 이순주 역, 와인입문교실, 백산출판사, 2004.

At Your Service : A Hands-On Guide to the Professional Dining Room, Culinary Institute of America, 2005.

Sondra J. Dahmer, The Waiter and Waitress Training Manual, 1995.

Suzanne Von Drachenfels, The Art of the Table : A Complete Guide to Table Setting, Table Manners and Tableware, 2000.

カクテル入門, 日東書院, 1999.

ワイン入門, 誠文堂新光社, 1998.

저자소개

박 혜 정　이화여자대학교 정치외교학과 졸업
세종대학교 관광대학원 관광경영학과 졸업(경영학 석사)
세종대학교 대학원 호텔관광경영학과 졸업(호텔관광학 박사)

대한항공 객실승무원
대한항공 객실훈련원 전임강사
동주대학교 항공운항과 교수
현) 수원과학대학교 항공관광과 교수

항공서비스시리즈 6

항공기내식음료서비스

2014년 10월 10일 초 판 1쇄 발행
2026년 1월 10일 제2판 1쇄 발행

지은이 박혜정
펴낸이 진욱상
펴낸곳 백산출판사
교　정 성인숙
본문디자인 오행복
표지디자인 오정은

저자와의 합의하에 인지첩부 생략

등　록 1974년 1월 9일 제406-1974-000001호
주　소 경기도 파주시 회동길 370(백산빌딩 3층)
전　화 02-914-1621(代)
팩　스 031-955-9911
이메일 edit@ibaeksan.kr
홈페이지 www.ibaeksan.kr

ISBN 979-11-6639-559-8 93980
값 21,000원